westermann

Jürgen Gratzke

Wirtschafts- und Geschäftsprozesse für IT-Berufe

Arbeitsheft

7. Auflage

Bestellnummer 225430

Bildquellenverzeichnis

|ACI EDV-Systemhaus GmbH, Lüneburg: 68.1. |BC GmbH Verlags- und Medien-, Forschungs- und Beratungsgesellschaft, Ingelheim: 23.1, 23.3, 23.4, 23.5, 23.6, 23.7, 23.8, 23.9, 27.1, 27.2, 27.3, 27.4. |stock.adobe.com, Dublin: deagreez 1.1; Eichinger, Julien Titel; fotohansel 23.2; nsdpower 1.2.

Die Seiten dieses Arbeitshefts bestehen zu 100 % aus Altpapier.

Damit tragen wir dazu bei, dass Wald geschützt wird, Ressourcen geschont werden und der Einsatz von Chemikalien reduziert wird. Die Produktion eines Klassensatzes unserer Arbeitshefte aus reinem Altpapier spart durchschnittlich 12 Kilogramm Holz und 178 Liter Wasser, sie vermeidet 7 Kilogramm Abfall und reduziert den Ausstoß von Kohlendioxid im Vergleich zu einem Klassensatz aus Frischfaserpapier. Unser Recyclingpapier ist nach den Richtlinien des Blauen Engels zertifiziert.

Druck und Bindung: Westermann Druck GmbH, Georg-Westermann-Allee 66, 38104 Braunschweig

ISBN 978-3-14-**225430**-2

Vorwort

Dieses Arbeitsheft soll die Arbeit mit dem Lehrbuch „Wirtschafts- und Geschäftsprozesse für IT-Berufe" (ISBN 978-3-14-**225429**-6) ergänzen und bietet dazu:

- Vorlagen für umfangreichere Aufgabenstellungen, z. B. Konten oder Tabellen
- Aufgaben zur Wiederholung und Vertiefung des Lernstoffes, zum Selbsttest oder zur Vorbereitung auf die Zwischen- und Abschlussprüfung

Jeweils vor den Aufgaben und Vorlagen werden die Kapitel des Lehrbuches genannt, auf die Bezug genommen wird.

Das Lehrbuch unterstützt den kaufmännischen Unterricht der IT-Berufe. Die schulischen Curricula können bei der Gestaltung der Lernfelder und Lernsituationen entsprechend Verweise zum Lehrbuch und zu den Aufgaben des Arbeitsheftes vermerken.

Insbesondere für Schulen, die nicht die ganzheitliche Reihe "It-Berufe" des Westermann-Verlages einsetzen, können somit für den kaufmännischen Unterricht eine auf den neuen Rahmenlehrplan abgestellte Unterrichtsunterstützung verwenden.

Die Lösungen zu den Aufgaben sind als Download mit der ISBN 978-3-14-**225431**-9 über www.westermann.de zu beziehen.

Der Verfasser

Inhaltsverzeichnis

Kopierhinweis: Die Seiten dieses Arbeitsheftes dürfen nur dann für den Unterricht kopiert werden, wenn sie ausdrücklich als Kopiervorlage gekennzeichnet sind.

1 Der Betrieb und sein Umfeld

1.1 Vorlagen und Zusatzaufgaben – Kapitel 1 bis 1.4.9

1.1.1 Vorlagen

K 1.4.5.2

Vorlage für Aufgabe 2 (S. 47): Rechtsgrundlagen – Tim macht sich selbstständig. Ergänzen Sie die Begriffe: Amtsgericht, anfechten, beschränkt geschäftsfähig, BGB, Eigenschaftsirrtum, Einzelunternehmer, „e. K.", Einkommensteuer, Erklärungsirrtum, Handelsregister, HGB, nichtig, Unternehmer, Verfügung

Tim spielt schon seit seinem zwölften Lebensjahr Gitarre und ist auch stolzer Besitzer mehrerer Gitarren. Seine gute Kenntnis über Musikinstrumente will er nutzen und im Internet einen Shop für gebrauchte Gitarren eröffnen. Aller Anfang ist jedoch bekanntlich schwer. Mit 17 Jahren ist er nur ______________________. Er überredet seine Eltern, ihm die Gründung eines Gewerbes zu erlauben. Nach einigen Wochen erhält er per ______________________ die Erlaubnis des Vormundschaftsgerichts, als ______________________ tätig zu werden. Er will sein Handelsgewerbe beim Ordnungsamt der Stadt anmelden und seine Firma zusätzlich im ______________________ beim zuständigen ______________________ eintragen lassen. Seine Firma erhält dann neben seinem Vor- und Zunamen den Zusatz ______________________. Aufgrund dieser Anmeldung hat er als Gesetze u. a. nicht nur das ______________________, sondern auch das ______________________ zu beachten. Er kauft zusätzlich gebrauchte Gitarren an und bietet diese als „neuwertig und Original X" im Internetshop an. Ein Kunde will jedoch den Kauf ______________________, da hier ein ______________________ vorliegt. Ein anderer Kunde besteht auf die Vertragserfüllung beim Kauf einer Gitarre, obwohl er statt 200,00 € im Internet nur 2,00 € eingetragen hat und sich vertippt hat. Hier will sich Tim auf einen ______________________ berufen und den Kaufvertrag für ______________________ erklären. Tims Geschäft läuft nach einigen Anfangsproblemen ganz gut und er wird in kaufmännischen Dingen immer sicherer. 5.000,00 € hat er im ersten Jahr schon verdient und sich einen schönen Jahresurlaub gegönnt. Unerwartet übersendet ihm das Finanzamt eine Aufforderung, die Erklärung für die ______________________ abzugeben.

K 1.4.6

Vorlage für Aufgabe 2 (S. 52)

Name der entgegennehmenden Gemeinde	Gemeindekennzahl Betriebsstätte (Sitz)	GewA1
Gewerbe-Anmeldung nach § 14 GewO oder § 55 c GewO	**Bitte vollständig und gut lesbar ausfüllen sowie die zutreffenden Kästchen ankreuzen**	

Angaben zum Betriebsinhaber

Bei Personengesellschaften (z.B. OHG) ist für jeden geschäftsführenden Gesellschafter ein eigener Vordruck auszufüllen. Bei juristischen Personen ist bei Feld Nr. 3 bis 9 und Feld Nr. 30 und 31 der gesetzliche Vertreter anzugeben (bei inländischer AG wird auf diese Angaben verzichtet). Die Angaben für weitere gesetzliche Vertreter zu diesen Nummern sind ggf. auf Beiblättern zu ergänzen.

1 Im Handels-, Genossenschafts- oder Vereinsregister eingetragener Name mit Rechtsform (ggf. bei GbR: Angabe der weiteren Gesellschafter)

2 Ort und Nr. des Registereintrages

Angaben zur Person

3 Name | 4 Vornamen | 4a Geschlecht männl. ☐ weibl. ☐

5 Geburtsname (nur bei Abweichung vom Namen)

6 Geburtsdatum | 7 Geburtsort und -land

8 Staatsangehörigkeit (en) deutsch ☐ andere:

9 Anschrift der Wohnung (Straße, Haus-Nr., PLZ, Ort; freiwillig: e-mail/web) | Telefon-Nr. | Telefax-Nr.

Angaben zum Betrieb

10 Zahl der geschäftsführenden Gesellschafter (nur bei Personengesellschaften)
Zahl der gesetzlichen Vertreter (nur bei juristischen Personen)

11 Vertretungsberechtigte Person/Betriebsleiter (nur bei inländischen Aktiengesellschaften, Zweigniederlassungen und unselbständigen Zweigstellen)
Name | Vornamen

Anschriften (Straße, Haus-Nr., Plz, Ort)

12 Betriebsstätte | Telefon-Nr. | Telefax-Nr. | freiwillig: e-mail/web

13 Hauptniederlassung (falls Betriebsstätte lediglich Zweigstelle ist) | Telefon-Nr. | Telefax-Nr. | freiwillig: e-mail/web

14 Frühere Betriebsstätte | Telefon-Nr. | Telefax-Nr.

15 Angemeldete Tätigkeit - ggf. ein Beiblatt verwenden (genau angeben: z.B. Herstellung von Möbeln, Elektroinstallationen und Elektroeinzelhandel, Großhandel mit Lebensmitteln usw.; bei mehreren Tätigkeiten bitte Schwerpunkt unterstreichen)

16 Wird die Tätigkeit (vorerst) im Nebenerwerb betrieben? Ja ☐ Nein ☐

17 Datum des Beginns der angemeldeten Tätigkeit

18 Art des angemeldeten Betriebes: Industrie ☐ Handwerk ☐ Handel ☐ Sonstiges ☐

19 Zahl der bei Geschäftsaufnahme tätigen Personen (ohne Inhaber): Vollzeit ☐ Teilzeit ☐ Keine ☐

Die Anmeldung wird erstattet für
20 Eine Hauptniederlassung ☐ eine Zweigniederlassung ☐ eine unselbständige Zweigstelle ☐
21 ein Automatenaufstellungsgewerbe ☐ 22 ein Reisegewerbe ☐

Grund
23 24 **Neuerrichtung/Übernahme** Neugründung ☐ Wiedereröffnung nach Verlegung aus einem anderen Meldebezirk ☐ Gründung nach Umwandlungsgesetz (z.B. Verschmelzung, Spaltung) ☐
Wechsel der Rechtsform ☐ Gesellschaftereintritt ☐ Erbfolge/Kauf/Pacht ☐

26 Name des früheren Gewerbetreibenden oder früherer Firmenname

Falls der Betriebsinhaber für die angemeldete Tätigkeit eine Erlaubnis benötigt, in die Handwerksrolle einzutragen oder Ausländer ist:

28 Liegt eine Erlaubnis vor? Ja ☐ Nein ☐ — Wenn Ja, Ausstellungsdatum und erteilende Behörde:

29 **Nur für Handwerksbetriebe** Liegt eine Handwerkskarte vor? Ja ☐ Nein ☐ — Wenn Ja, Ausstellungsdatum und Name der Handwerkskammer:

30 Liegt eine Aufenthaltsgenehmigung vor? Ja ☐ Nein ☐ — Wenn Ja, Ausstellungsdatum und erteilende Behörde:

31 Enthält die Aufenthaltsgenehmigung eine Auflage oder Beschränkung? Ja ☐ Nein ☐ — Wenn Ja, sie enthält folgende Auflagen bzw. Beschränkungen::

Hinweis: Diese Anzeige berechtigt nicht zum Beginn des Gewerbebetriebes, wenn noch eine Erlaubnis oder eine Eintragung in die Handwerksrolle notwendig ist. Zuwiderhandlungen können mit Geldbuße oder Geldstrafe oder Freiheitsstrafe geahndet werden. Diese Anzeige ist keine Genehmigung zur Errichtung einer Betriebsstätte entsprechend dem Planungs- und Baurecht.

32 (Datum) | 33 (Unterschrift)

1.1.2 Zusatzaufgaben

K 1.4.2.2

1.1 Ordnen Sie je ein Beispiel dem betriebswirtschaftlichen Produktionsfaktor korrekt zu:

a) Tätigkeit eines Mitarbeiters in der Reparaturwerkstatt
b) Tätigkeit des Geschäftsführers
c) Strom als Primärenergie für die Produktion
d) Verwendung eines Roboters in der Produktion
e) Schmiermittel für Fertigungsmaschinen
f) Spende eines Pkws an das Rote Kreuz

Betriebswirtschaftliche Produktionsfaktoren: ☐ Betriebsmittel ☐ Dispositive Arbeit

K 1.4.2.2

1.2 Ordnen Sie die volks- bzw. gesamtwirtschaftlichen Produktionsfaktoren (1 = Boden, 2 = Arbeit, 3 = Kapital) richtig zu:

a) Lieferwagen	☐	d) Mitarbeiter	☐
b) Prokurist	☐	e) Besucherparkplatz	☐
c) Bebautes Firmengrundstück	☐	f) Geschäftsausstattung	☐

K 1.4.3

1.3 Für Standardgrafikkarten sollen modellhaft folgende Angebots- und Nachfragesituationen im Markt (vgl. Schaubild folgende Seite) durchgespielt werden:

a) Nennen Sie den Preis, wenn die Angebots- und Nachfragesituation 1 gilt und das Marktgleichgewicht erreicht wird.

____

b) Berechnen Sie den Umsatz, der maximal in der Situation a) erzielt werden kann.

____

c) Welcher Angebotsüberhang würde sich ergeben, wenn in der Situation a) der Preis auf 60,00 € steigt?

____

d) Die Angebotskurve verschiebt sich durch bessere Konjunkturaussichten und niedrigere Produktionskosten nach rechts (Angebotskurve 2). Wie viel Umsatz kann nun maximal im Markt erzielt werden?

____

e) Durch Steuererhöhungen bzw. -senkungen des Haushaltseinkommens ergibt sich die Nachfragekurve 2. Bei welchem Preis bildet sich nun der Gleichgewichtspreis und wie viel Umsatz ist maximal bei der Angebotssituation 2 möglich?

____

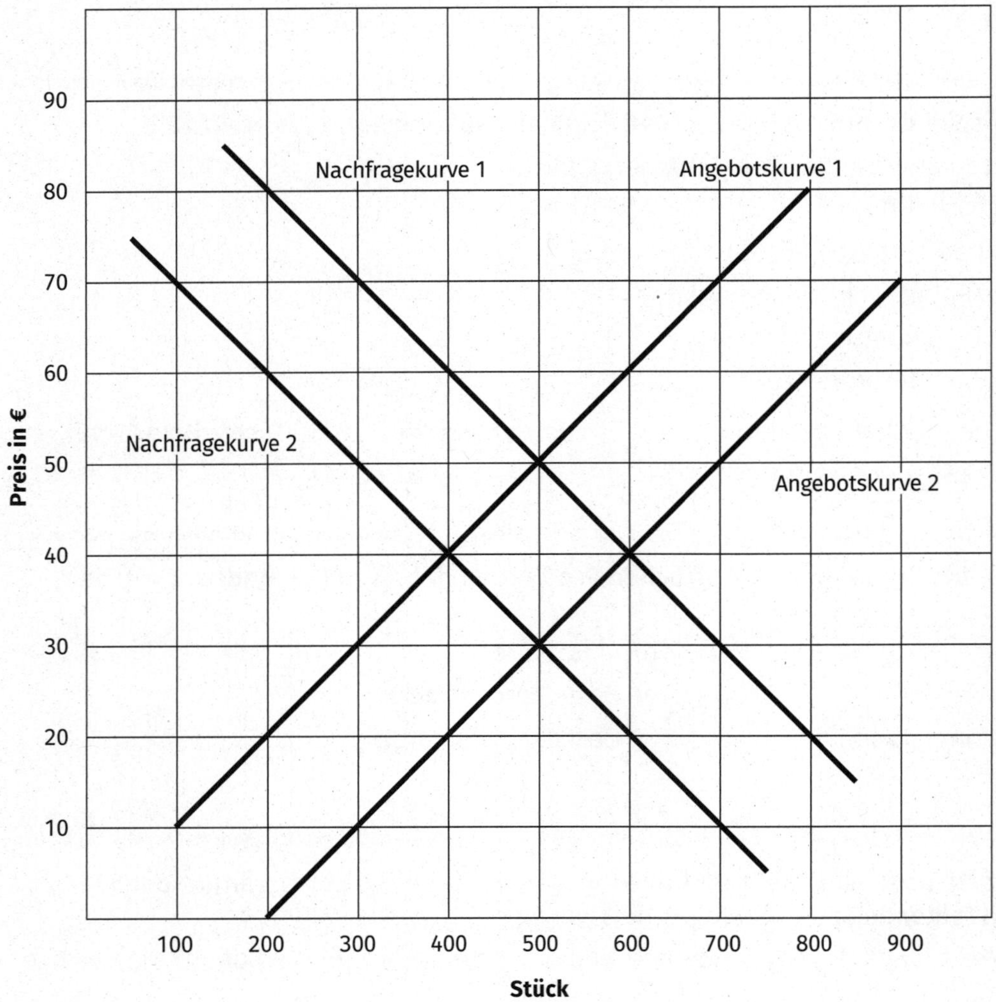

K 1.4.3

1.4 Nach welchem Prinzip arbeitet ACI, wenn mit den zur Verfügung stehenden liquiden Mitteln möglichst viel erreicht werden soll? (Bitte ankreuzen!)

a) Minimumprinzip
b) Bedarfsdeckungsprinzip
c) Sparprinzip
d) Maximumprinzip
e) Kostendeckungsprinzip

K 1.4.3

1.5 Welcher Zusammenhang besteht zwischen dem Preis und der Höhe von Angebot und Nachfrage unter sonst nicht relevanten Faktoren? (Bitte ankreuzen!)

a) Wenn die Nachfrage größer ist als das Angebot, dann sinkt der Preis.
b) Bei einem hohen Preis verringern die Hersteller ihre Produktion.
c) Wenn Angebot und Nachfrage der Menge nach gleich sind, ergibt sich der Gleichgewichtspreis.
d) Wenn das Angebot größer ist als die Nachfrage, dann steigt der Preis.
e) Der Preis eines Gutes wird nur durch das Angebot bestimmt.
f) Der Preis des Gutes wird nur durch die Nachfrage bestimmt.

K 1.4.4

1.6 Die Erfüllung wirtschaftspolitischer Ziele wird laufend durch unterschiedliche Kennzahlen überprüft. Ordnen Sie die Kennzahlen den wirtschaftspolitischen Zielen a) bis d) richtig zu.

a) Preisstabilität
b) Außenhandelsgleichgewicht
c) Wirtschaftswachstum
d) hoher Beschäftigungsgrad

<u>Kennzahlen</u>

Reales Bruttoinlandsprodukt ☐
Arbeitslosenquote ☐
Lebenshaltungskostenindex ☐
Außenhandelsüberschuss/-defizit ☐

K 1.4.7.3

1.7 Ordnen Sie die Unternehmensform zu je einer Aussage richtig zu.

a) GmbH & Co. KG
b) GmbH
c) GbR

Personengesellschaft ☐
Nicht im Handelsregister eingetragen ☐
Kapitalgesellschaft ☐

K 1.4.7.3

1.8 Berechnen Sie die Gewinnverteilung der Unternehmung, wenn es drei Gesellschafter gibt und diese an der Gesellschaft mit folgenden Anteilen beteiligt sind:

- Herr Abel 80.000,00 €
- Frau Bauer 140.000,00 €
- Herr Conradi 180.000,00 €
- 240.000,00 € Gewinn stehen zur Verteilung bereit.

a) Gewinnverteilung bei einer OHG, wobei Herr Abel als Geschäftsführer vorab 60.000,00 € erhält, eine Kapitalverzinsung von 4 % zugeteilt wird und der weitere Rest nach Köpfen zu verteilen ist.

Gesellschafter	Nebenrechnungen	Gewinnanteil
Herr Abel		
Frau Bauer		
Herr Conradi		

b) Gewinnverteilung bei einer KG, wenn Frau Bauer und Herr Abel je 40.000,00 € für die Geschäftsleitung erhalten, 4 % nach Anteilen und der weitere Rest im Verhältnis der Anteile zu verteilen ist.

Gesellschafter	Nebenrechnungen	Gewinnanteil
Herr Abel		
Frau Bauer		
Herr Conradi		

K 1.4.7.2

1.9 Zu den Geschäftspartnern von ACI zählen folgende Unternehmen:

1. Überelbe Logistik GmbH
2. Elektronik Partner AG
3. Sander & Partner OHG
4. Elektronik Märkte Volker Bermann e. K.
5. Fischer & Lose IT GbR
6. IT-Dienstleistungen Köster UG
7. Freudenberg IT KG

a)	
b)	
c)	
d)	
e)	
f)	
g)	

Ordnen Sie die Unternehmen den folgenden Aussagen richtig zu:

a) Mindestens ein Gesellschafter haftet unbeschränkt.
b) Das Unternehmen ist nicht im Handelsregister eingetragen.
c) Das Unternehmen hat einen Vorstand.
d) Das Unternehmen kann haftungsbeschränkt mit geringem Eigenkapital gegründet werden.
e) Alle im Handelsregister eingetragenen Gesellschafter haften persönlich und sind zur Geschäftsführung verpflichtet.
f) Das Unternehmen kann mehr als drei Gesellschafter und mehr als einen Geschäftsführer haben.
g) Der Inhaber haftet persönlich, sein Unternehmen ist im Handelsregister eingetragen und hat die Pflichten und Rechte eines Vollkaufmanns.

K 1.4.8

1.10 Ordnen Sie folgende Unternehmensziele a) bis d) den Kennzahlen richtig zu:

a) Wirtschaftlichkeit
b) Qualität
c) Mitarbeiterzufriedenheit
d) Umweltverträglichkeit

Kennzahlen	
Ausschussquote	
Umsatz/Mitarbeiter	
Reklamationsrate	
Fluktuation	
Recyclingerlöse	

K 1.4.8

1.11 Geben Sie an, welches Produkt den größten prozentualen Umsatzzuwachs erzielt hat, und ermitteln Sie den Prozentsatz.

Produkt	Umsatz (€) Vormonat	Umsatz (€) aktueller Monat
A	9.000,00	11.000,00
B	12.000,00	10.800,00
C	11.200,00	14.100,00
D	8.100,00	11.300,00
E	4.000,00	5.600,00

Produkt	Umsatzzuwachs in %

K 1.4.8.3

1.12 Welche der folgenden Erfolgsfaktoren für die Erreichung der Unternehmensziele werden als qualitative Erfolgsfaktoren gewertet ? (Bitte ankreuzen!)

a) Einsparung an Energie
b) Prüfungsergebnisse der betrieblichen Ausbildung
c) Einsparung im Personalbereich
d) Preis eines Produkts
e) Anzahl Reklamationen
f) Bewertung eines Produkts mit 2,6 (Note)

K 1.4.9

1.13 Geben Sie an, welche Unternehmen in den Fällen a) bis f) entstehen:

a) Drei Unternehmen schließen sich zu einem Unternehmen zusammen.
b) Drei Unternehmen gründen ein Gemeinschaftsunternehmen, um neue Technologien zu erforschen.
c) Drei Unternehmen schließen sich zu einer Bietergemeinschaft zusammen und bieten gemeinsam an.
d) Drei Technologienunternehmen mit Netzwerkprodukten wollen einen gemeinsamen Messestand organisieren.
e) Drei kleinere Netztechnikunternehmen werden vom Marktführer aufgekauft, bleiben jedoch selbstständig.
f) Drei große Netztechnologiehersteller schließen sich zusammen, um für Breitbandtechnik gemeinsame Normen festzulegen.

ARGE	☐	Konsortium	☐	Kartell	☐
Joint Venture	☐	Konzern	☐	Fusion	☐

K 1.4.9

1.14 Was ist richtig? (Bitte ankreuzen!)

a) Von horizontaler Konzentration spricht man, wenn sich Netzwerkunternehmen zusammenschließen.
b) Von vertikaler Konzentration sprich man, wenn Unternehmen der Chipindustrie sich mit Herstellern von Netzwerkarten zusammenschließen.
c) Bei größeren Unternehmenszusammenschlüssen muss vorher das Kartellamt um Genehmigung gefragt werden.
d) Bei allen Unternehmenszusammenschlüssen muss vorher das Finanzamt um Genehmigung gefragt werden.

1.2 Abschlusstest Nr. 1 – Kapitel 1 bis 1.4.9 (max. 100 Punkte)

Bewertung: ungenügend < 30 Punkte, mangelhaft < 50 Punkte, ausreichend < 67 Punkte, befriedigend < 81 Punkte, gut < 92 Punkte, sehr gut > 91 Punkte

1.2.1 Was ist falsch? (Bitte ankreuzen!) (50 Punkte)

1. Ein Geschäftsportfolio listet das Leistungsangebot des Unternehmens auf.
2. Primärbedürfnisse bezeichnet man auch als Existenzbedürfnisse.
3. Bedarf entsteht dann, wenn Güter angeboten werden.
4. Nachfrage am Markt entsteht auch ohne Bedarf und ohne Kaufentschluss.
5. Subventionen sind indirekte Steuern der Unternehmen an den Staat.
6. Transferleistungen werden vom Staat an die Haushalte gewährt.
7. Werkstoffe, Betriebsmittel und dispositiver Faktor sind betriebswirtschaftliche Produktionsfaktoren.
8. Hilfsstoffe sind Betriebsstoffe in der Leistungserstellung.
9. Die Arbeitsproduktivität steigt, wenn Mitarbeiter mehr leisten und der Output steigt.
10. Der Gleichgewichtspreis ergibt sich bei Gleichheit von Angebots- und Nachfragemenge.
11. Anpassungsfähigkeit und Präferenzlosigkeit der Marktteilnehmer sind Voraussetzungen für den vollkommenen Markt.
12. Wenn sich die Nachfrage vermindert, sinkt bei gleichem Angebot der Preis.
13. Öffentliche Haushalte haben Gewinnmaximierung als Ziel.
14. Das Minimumprinzip wird verfolgt, wenn die Datensicherung von 500 TB mit den geringsten Kosten angestrebt wird.
15. Das Maximumprinzip wird verfolgt, wenn für 18,00 € möglichst viele Daten gesichert werden sollen.
16. Ein Rechtsanwalt ist in der Rechtsordnung eine juristische Person.
17. Vom 6. bis 16. Lebensjahr ist man nur beschränkt geschäftsfähig.
18. Kinder sind bis zum 14. Lebensjahr schuldunfähig.
19. Vorteilhafte Rechtsgeschäfte können auch beschränkt Geschäftsfähige eingehen.
20. Bei beschränkt Geschäftsfähigen kann der gesetzliche Vertreter nachträglich genehmigen.
21. Eine Verfügung steht in der Rechtsordnung höher als eine Verordnung.
22. Sind zwei Unternehmer Vertragspartner, spricht man vom zweiseitigen Handelskauf.
23. Rechtsgeschäfte unterliegen dem Grundsatz der Vertragsfreiheit.
24. Schein- und Scherzgeschäfte sind nichtig.
25. Verträge, die gegen die guten Sitten verstoßen, sind von vornherein ungültig.
26. Verträge, die gegen gesetzliche Formvorschriften verstoßen, sind nichtig.
27. Schweigen einer Privatperson zum Angebot bedeutet Ablehnung eines Vertrages.
28. Durch Eintragung in das Handelsregister wird man nach HGB zum Kaufmann.
29. Das Handelsregister wird von der IHK geführt.
30. Ein Kleingewerbe kann keine Kaufmannseigenschaft erwerben.
31. Ein Kaufmann haftet stets mit dem Privatvermögen.
32. Ein Kaufmann kann vereinbarte, jedoch überhöhte Vertragsstrafen ablehnen.
33. Nur ein(e) Kauffrau/Kaufmann nach HGB kann Prokura erteilen.
34. Kaufleute und Freiberufler sind zur Mitgliedschaft in der IHK verpflichtet.
35. Eine GbR hat eine Firma.
36. Mit Eintragung in das Handelsregister kann ich meine Firma „Meine kleine PC-Werkstatt GmbH" nennen.
37. Ein einzelner Gründer kann sich mit den Zusätzen „e. K.", „GmbH" oder „AG" in das Handelsregister eintragen lassen.

38. Für die Mini-GmbH „UG" benötigt man ein Stammkapital von mindestens 5,00 €.
39. Ein Prokurist unterzeichnet mit „i. V.".
40. Wer Gesamtprokura hat, entscheidet über alle Geschäfte und Rechtshandlungen allein.
41. Mit allgemeiner Handlungsvollmacht kann man über alle gewöhnlichen Rechtshandlungen entscheiden.
42. Jeder Mitarbeiter kann grundsätzlich jedem untergebenen Mitarbeiter eine niedrigere Vollmacht erteilen.
43. Ein Prokurist kann ohne besondere Ermächtigung Grundstücke belasten.
44. Mit Prokura kann man Bilanzen unterschreiben.
45. Eine Kündigung aufgrund eines Diebstahls wird als personenbedingte Kündigung bezeichnet.
46. Der horizontale Zusammenschluss von Unternehmen in Form einer ARGE ist gesetzlich verboten.
47. Das Kartellamt überprüft, ob Unternehmen eine marktbeherrschende Stellung haben.
48. Ein Preis- oder Gebietskartell ist verboten und wird bestraft.
49. Bei einer Fusion verschmelzen mehrere Unternehmen zu einem neuen Unternehmen.
50. Bei einem Konsortium verschmelzen Unternehmen zu einem neuen Unternehmen.

1.2.2 Auswahlaufgaben, Ordnungsaufgaben

51. Ordnen Sie je eine Aussage den drei Bedürfnisarten zu. (3 Punkte)

Aussagen	Bedürfnisarten	
a) unbewusst, versteckt	latente Bedürfnisse	☐
b) gemeinschaftlich	immaterielle Bedürfnisse	☐
c) nicht fassbar	kollektive Bedürfnisse	☐
d) lebensnotwendig		

52. Ordnen Sie je eine Aussage den drei Güterarten zu. (3 Punkte)

Aussagen	Güterarten	
a) unverbunden	Investitionsgüter	☐
b) austauschbar	komplementäre Güter	☐
c) betrieblich	substitutive Güter	☐
d) ergänzend		

53. Kreuzen Sie an, in welchen Fällen es sich kaufmännisch um Leistungen für ACI handelt. (7 Punkte)

a) Umsatzerlöse durch Warenhandel
b) Einkauf von Waren mit Sonderrabatt
c) Beschäftigung von Aushilfen
d) Lagerbestandserhöhung durch eigene Erzeugnisse
e) Umsatzerlöse durch Dienstleistungen
f) Erträge durch Rechte und Patente
g) Ausgleich des Geschäftskontos (Soll)

54. Ordnen Sie je eine Aussage den drei Maßnahmen richtig zu. (3 Punkte)

Aussagen	Maßnahmen	
a) Aufgabenbereicherung	Jobrotation	☐
b) Arbeitszerlegung	Jobenlargement	☐
c) Aufgabenwechsel	Jobenrichment	☐
d) Aufgabenerweiterung		

55. Ordnen Sie der Wirtschaftslage die richtige wirtschaftspolitische Maßnahme zu. (4 Punkte)

Wirtschaftslage	Maßnahmen	
a) hohe Zahl offener IT-Stellen	Steuern erhöhen	☐
b) Außenhandelsdefizit	Steuern senken	☐
c) Inflation	Importe erschweren	☐
d) geringes Wirtschaftwachstum	Bildungssystem verbessern	☐

56. Ordnen Sie die Vereinbarungen der richtigen Vertragsart zu. (8 Punkte)

Vereinbarungen

a) einen Auftrag gemeinsam zu erledigen
b) ein Grundstück gemeinsam zu kaufen
c) eine Wiese zum Abstellen von Fahrzeugen entgeltlich zu nutzen
d) einen Teich zum Angeln entgeltlich zu nutzen
e) ein Computersystem mit Komponenten des Kunden zusammen zu bauen
f) ein Handy unentgeltlich zum Gebrauch zu erhalten
g) ein Computersystem einem Kunden unentgeltlich für immer überlassen
h) einem Geschäftspartner 5.000,00 € für 6 Monate zu leihen bei Zinsen von 5 % p. a.

Vertragsarten

Leihvertrag	☐	Mietvertrag	☐
Kaufvertrag	☐	Werkvertrag	☐
Darlehensvertrag	☐	Gesellschaftsvertrag	☐
Pachtvertrag	☐	Schenkungsvertrag	☐

57. Welche Unternehmen gehören zur Personengesellschaft (P) oder Kapitalgesellschaft (K)? (5 Punkte)

a) GmbH	☐	d) Jan Küster EDV-Systeme	☐
b) GmbH & Co KG	☐	e) Jan Küster AG	☐
c) OHG	☐		

58. Nennen Sie die Unternehmensform, die zu folgenden Bedingungen passt. (4 Punkte)

a) Haftung beschränkt, Prokura möglich, ein Gesellschafter ____________________
b) Kleinunternehmen, einfache Buchführung, geringe Gründungskosten ____________________
c) Gesellschaft mit Teilhafter, die nicht im Unternehmen mitarbeiten ____________________
d) Unternehmen mit vielen Mitarbeitern, die am Unternehmen beteiligt werden sollen, wobei der Aufwand der Beteiligung jedoch gering sein soll ____________________

1.2.3 Antwortaufgaben, freie Aufgaben, Rechenaufgaben

59. Geben Sie für die Darstellung des Wirtschaftskreislaufs die Bezeichnungen der Wirtschaftssubjekte a), b) und c) an. (3 Punkte)

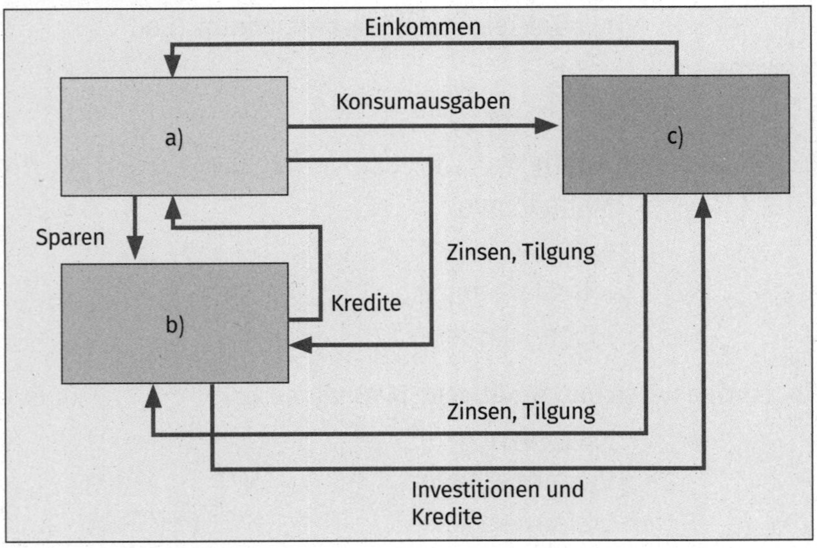

a) ____________________

b) ____________________

c) ____________________

60. Das folgende Schaubild zeigt einen vereinfachten Wirtschaftskreislauf.

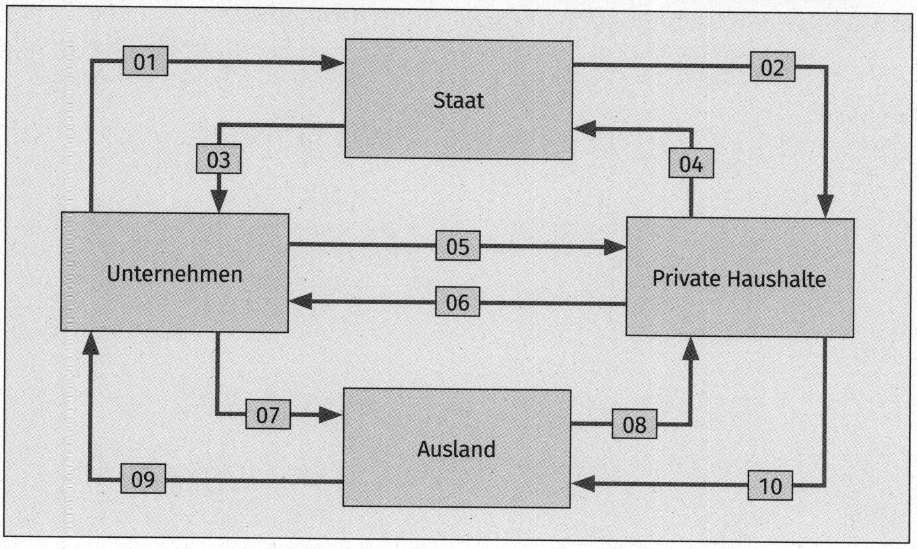

Welche mit 01 bis 10 gekennzeichneten Geldströme treffen auf die folgenden Zahlungsvorgänge von ACI zu?

a) Ein Privatkunde bezahlt sein gekauftes Notebook bar.
b) Mitarbeiter bezahlen auf einer Tagung in Prag ihr Hotel zunächst privat.
c) Die Umsatzsteuer wird abgebucht.
d) Ein Mitarbeiter überweist die Kfz-Steuer für seinen privaten Pkw.
e) Ein US-amerikanisches Unternehmen überweist einem privaten Aktionär in Deutschland eine Dividende.
f) ACI bezahlt die in Polen gekauften Büromöbel per Banküberweisung.
g) Gehälter werden an die Mitarbeiterinnen und Mitarbeiter überwiesen.
h) Ein Mitarbeiter erhält aus dem Lohnsteuerjahresausgleich 534,10 € überwiesen.
i) Amazon überweist aus Luxemburg an ACI Provisionen für vermittelte Buchverkäufe im Internet.
j) ACI erhält eine Gewerbesteuererstattung.

a)	
b)	
c)	
d)	
e)	
f)	
g)	
h)	
i)	
j)	

61. Beschriften Sie die Achsen korrekt und zeichnen Sie in die Zeichenfläche die Angebots- und Nachfragekurve ein, wobei Sie folgende Bedingungen berücksichtigen sollen.

(6 Punkte)

Preis (€)	Angebot (Stck.)	Nachfrage (Stck.)
1,00	0	60
2,00	1	50
3,00	5	40
4,00	12	30
5,00	20	10
6,00	50	5
7,00	80	1

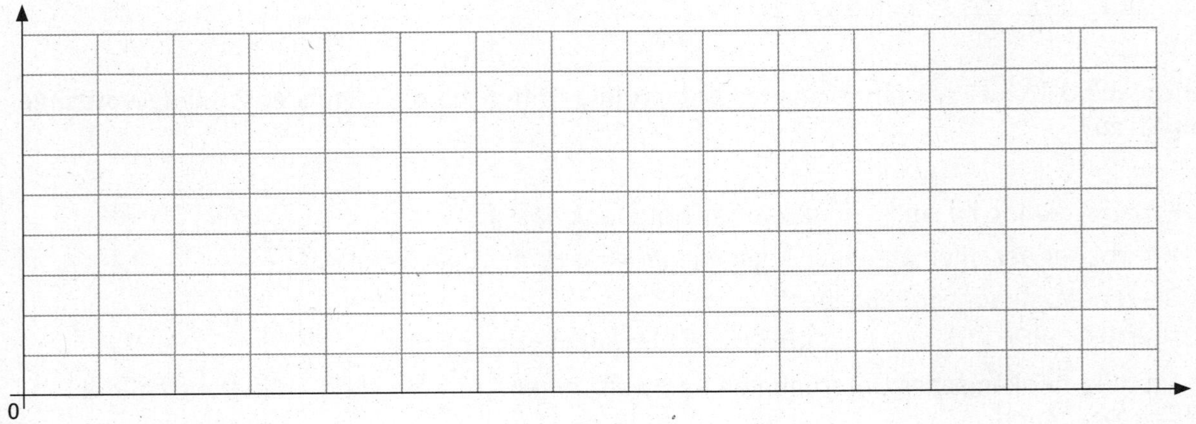

62. Ermitteln Sie nach den folgenden Auszügen aus den Jahresabschlüssen. (4 Punkte)

Auszug aus Jahresabschlüssen (Beträge in €)		
	Berichtsjahr	**Vorjahr**
Bankbestand	80.000,00	60.000,00
Kassenbestand	6.000,00	10.000,00
Gesamtkapital	300.000,00	280.000,00
Eigenkapital	100.000,00	90.000,00
Umsatz	180.000,00	170.000,00
Gewinn	14.000,00	7.000,00

a) Umsatzsteigerung in %

b) Gewinnsteigerung in %

Für das Berichtsjahr:

c) Eigenkapitalrentabilität in %

d) Liquidität in €

1.3 Zusatzaufgaben – Kapitel 1.5 bis 1.8.4

K 1.5

1.15 Der Ausbilder hat Ihnen zu Beginn der Ausbildung Formulare für einen Ausbildungsnachweis ausgehändigt. Welche Aussagen sind zutreffend? (Bitte ankreuzen!)

a) Ausbildungsnachweise sind eine rein betriebliche Angelegenheit.

b) Ohne Ausbildungsnachweise wird man nicht zur Prüfung zugelassen.

c) Ausbildungsnachweise müssen wöchentlich vom Ausbilder und Klassenlehrer der Berufsschule abgezeichnet werden.

d) Der Ausbildungsnachweis kann auch pauschal für die gesamte Ausbildung erklärt werden.

e) Ausbildungsnachweise müssen für kaufmännische Berufe wöchentlich geführt werden.

K 1.5.1 und 1.5.2 und 1.5.4

1.16 ACI Frankfurt hat einen Auftrag eines Kölner Unternehmens erhalten, zu dessen Erledigung drei Mitarbeiter und zwei 18-jährige Auszubildende für einen Tag und von 10 bis 19 Uhr in Köln arbeiten sollen und jeweils drei Stunden per Zug an- und abreisen. Welche Antwort ist für die Auszubildenden richtig? (Bitte ankreuzen!)

a) Arbeitsorte außerhalb des Firmensitzes sind nicht zulässig.

b) 11 Stunden Arbeitszeit täglich inkl. Pausen sind unzulässig.

c) Während der tariflichen Arbeitszeit bestimmt der Vorgesetzte den Arbeitsort per Weisungsrecht.

d) Der Auszubildende muss die Weisung des Vorgesetzten nicht befolgen.

e) Nach Jugendschutzgesetz ist der Einsatz der Auszubildenden sittenwidrig.

K 1.5.1 und 1.5.2

1.17 Ein Auszubildender im 2. Ausbildungsjahr hat die Weisung des Ausbildenden auf Arbeitsverrichtung in Köln abgelehnt und ist wegen des Streits mit dem Ausbilder am nächsten Tag unentschuldigt dem Arbeitsplatz ferngeblieben. Welche Aussage entspricht dem folgenden Gesetzesauszug? (Bitte ankreuzen!)

§ 22 Berufsbildungsgesetz – Kündigung

(1) Während der Probezeit kann das Berufsausbildungsverhältnis jederzeit ohne Einhalten einer Kündigungsfrist gekündigt werden.

(2) Nach der Probezeit kann das Berufsausbildungsverhältnis nur gekündigt werden
1. aus einem wichtigen Grund ohne Einhalten einer Kündigungsfrist,
2. von Auszubildenden mit einer Kündigungsfrist von vier Wochen, wenn sie die Berufsausbildung aufgeben oder sich für eine andere Berufstätigkeit ausbilden lassen wollen.

(3) Die Kündigung muss schriftlich und in den Fällen des Absatzes 2 unter Angabe der Kündigungsgründe erfolgen.

(4) Eine Kündigung aus einem wichtigen Grund ist unwirksam, wenn die ihr zugrunde liegenden Tatsachen dem zur Kündigung Berechtigten länger als zwei Wochen bekannt sind. Ist ein vorgesehenes Güteverfahren von einer außergerichtlichen Stelle eingeleitet, so wird bis zu dessen Beendigung der Lauf dieser Frist gehemmt.

a) Der Auszubildende kündigt sofort aus wichtigem Grund und setzt seine Ausbildung bei einem konkurrierenden Unternehmen fort.

b) Der Arbeitgeber kündigt bei vorliegender Abmahnung aus ähnlichem Fall fristlos und mündlich gleich nach dem Streit.

c) Der Ausbilder hat sich sechs Wochen später erneut über den Auszubildenden geärgert und ihm wegen des unentschuldigten Fehlens in Köln aus wichtigem Grund gekündigt.

d) Dem Auszubildenden wurde sofort nach dem Streit und dem Fernbleiben per Telefon gekündigt.

e) Der Vorgesetzte kündigt dem Auszubildenden schriftlich aus dem genannten wichtigen Grund (Arbeitsverweigerung und unentschuldigtes Fernbleiben vom Ausbildungsplatz).

K 1.5.1 und 1.5.3

1.18 Welche betriebsverfassungsrechtliche Organisation könnte einem Auszubildenden Auskunft über die Zulässigkeit der Anweisung eines Vorgesetzten geben? (Bitte ankreuzen!)

a) Gewerkschaft
b) Betriebsrat
c) Ausbildungsberater der IHK
d) Betriebliche Einigungsstelle
e) Arbeitsgericht

K 1.5.1 und 1.5.4

1.19 Jugendliche Auszubildende bei ACI diskutieren, ob sie einen längeren Arbeitseinsatz ablehnen können. Welche Aussagen sind rechtlich korrekt? (Bitte ankreuzen!)

a) Eine Arbeitszeit von über 8,5 Arbeitsstunden ist zulässig, wenn die Mehrstunden vergütet werden.
b) Eine Arbeitszeit von über 8,5 Stunden ist zulässig, wenn die Mehrstunden durch Freizeit ausgeglichen werden.
c) Der Ausfall des Berufsschulunterrichts ist nur bei wichtigen Aufträgen gestattet.
d) Eine Arbeitszeit von mehr als 8,5 Stunden ist auch bei Freizeitausgleich in den Folgetagen verboten.
e) 18-jährige Auszubildende können im Rahmen des Ausbildungsvertrages bzw. des Tarifvertrages auch zu längerer Arbeitszeit als 9 Stunden verpflichtet werden.
f) Eine Auszubildende lehnt weitere Überstunden mit der Begründung ab, dass sie im ersten Ausbildungsjahr bereits 50 Überstunden angesammelt habe und ihr bisher kein Freizeitausgleich gewährt wurde.
g) Sollten Mitarbeiter in besonderen Notfällen nicht zur Verfügung stehen, können jugendliche Auszubildende auch 10 Arbeitsstunden für unaufschiebbare Arbeiten eingesetzt werden.

K 1.5.1 und 1.8

1.20 Nach der Probezeit will Mara die Ausbildung beenden. Geben Sie an, welche Aussage den gesetzlichen Bestimmungen (BBiG) entspricht. (Bitte ankreuzen!)

a) Sie kann die Ausbildung jederzeit mit einer Frist von 4 Tagen kündigen.
b) Sie kann das Ausbildungsverhältnis nur im beiderseitigen Einverständnis kündigen.
c) Eine Kündigung ist nur möglich, wenn sie den Ausbildungsberuf wechselt.
d) Sie kann die Ausbildung mit einer Kündigungsfrist von 4 Wochen schriftlich beenden, wenn sie die Ausbildung abbrechen will oder eine andere Berufsausbildung aufnehmen will.
e) Sie kann die Ausbildung vor der Zwischenprüfung jederzeit kündigen.

K 1.5.1 und 1.6.2

1.21 Welche Angaben sind nach BBiG nicht Bestandteil des Ausbildungsvertrages? (Bitte ankreuzen!)

a) Dauer der Probezeit
b) Anzahl der Urlaubstage
c) Hinweis auf Kündigungsmöglichkeiten
d) Nennung des Prüfungstermins
e) Ausbildungsmaßnahmen außerhalb des Ausbildungsbetriebs
f) Name des Auszubildenden
g) Höhe der Ausbildungsvergütung
h) Tag und Dauer des Berufsschulunterrichts

K 1.5.3 und 1.5.4 und 1.7

1.22 Ordnen Sie den Vorschriften das richtige Gesetz zu.

Vorschriften

a) Einrichtung einer Jugend- und Auszubildendenvertretung
b) Beschäftigung eines Sicherheitsbeauftragten
c) Durchführung von Arbeitsschutzmaßnahmen
d) Gesundheitsschutz am EDV-Arbeitsplatz
e) Schutz von schwangeren Arbeitnehmern

Gesetze

Arbeitsschutzgesetz	
Betriebsverfassungsgesetz (BetrVG)	
Arbeitssicherheitsgesetz (ASiG)	
Mutterschutzgesetz (MuSchG)	
Bildschirmarbeitsverordnung (BildscharbV)	

K 1.5.3

1.23 Im Ausbildungsbetrieb wird der Fall eines Streiks diskutiert. Sie werden gefragt, welche Auswirkungen ein Streik auf die Ausbildungsvergütung hat, wenn man nicht Mitglied der Gewerkschaft ist. (Bitte ankreuzen!)

a) Die Gewerkschaft zahlt die Ausbildungsvergütung.
b) Auch während des Streiks und der Nichtbeschäftigung erhalten Sie Ausbildungsvergütung.
c) Die Ausbildungsvergütung wird als Ausfallgeld von der Agentur für Arbeit getragen.
d) Sie erhalten keine Unterstützung von der Agentur für Arbeit und keine Ausbildungsvergütung.
e) Dauert der Streik über sechs Wochen, erhalten Sie keine Ausbildungsvergütung mehr.

K 1.5.4 und 1.6.2.2

1.24 Der 17-jährige Tim (Geburtstag 10.12.) und die 16-jährige Sandra (Geburtstag 24.02.) haben ihre Ausbildung am 01.09. diesen Jahres begonnen.

a) Müssen Tim und Sandra im Urlaub die Berufsschule besuchen und einen Urlaubstag für die Schule opfern? Berufsschule **ja/nein**; Urlaubstag **ja/nein**
b) Könnten beide nach den gesetzlichen Regelungen in den Herbstferien am 01.11. für eine Woche Urlaub nehmen? **ja/nein**
c) Welchen Urlaubsanspruch hätten beide am 31.12. und für das folgende Jahr erworben?

Anspruch 31.12.

Anspruch folgendes Jahr

Jugendarbeitsschutzgesetz § 19 Urlaub (Auszug)

(1) Der Arbeitgeber hat Jugendlichen für jedes Kalenderjahr einen bezahlten Erholungsurlaub zu gewähren.

(2) Der Urlaub beträgt jährlich
1. mindestens 30 Werktage, wenn der Jugendliche zu Beginn des Kalenderjahrs noch nicht 16 Jahre alt ist,
2. mindestens 27 Werktage, wenn der Jugendliche zu Beginn des Kalenderjahrs noch nicht 17 Jahre alt ist,
3. mindestens 25 Werktage, wenn der Jugendliche zu Beginn des Kalenderjahrs noch nicht 18 Jahre alt ist.

(3) Der Urlaub soll Berufsschülern in der Zeit der Berufsschulferien gegeben werden. Soweit er nicht in den Berufsschulferien gegeben wird, ist für jeden Berufsschultag, an dem die Berufsschule während des Urlaubs besucht wird, ein weiterer Urlaubstag zu gewähren.

Bundesurlaubsgesetz

§ 3 Dauer des Urlaubs

(1) Der Urlaub beträgt jährlich mindestens 24 Werktage.

(2) Als Werktage gelten alle Kalendertage, die nicht Sonn- oder gesetzliche Feiertage sind.

§ 4 Wartezeit

Der volle Urlaubsanspruch wird erstmalig nach sechsmonatigem Bestehen des Arbeitsverhältnisses erworben.

§ 5 Teilurlaub

(1) Anspruch auf ein Zwölftel des Jahresurlaubs für jeden vollen Monat des Bestehens des Arbeitsverhältnisses hat der Arbeitnehmer
   a) für Zeiten eines Kalenderjahres, für die er wegen Nichterfüllung der Wartezeit in diesem Kalenderjahr keinen vollen Urlaubsanspruch erwirbt;
   b) wenn er vor erfüllter Wartezeit aus dem Arbeitsverhältnis ausscheidet;
   c) wenn er nach erfüllter Wartezeit in der ersten Hälfte eines Kalenderjahres aus dem Arbeitsverhältnis ausscheidet.

(2) Bruchteile von Urlaubstagen, die mindestens einen halben Tag ergeben, sind auf volle Urlaubstage aufzurunden.

(3) Hat der Arbeitnehmer im Falle des Absatzes 1 Buchstabe c bereits Urlaub über den ihm zustehenden Umfang hinaus erhalten, so kann das dafür gezahlte Urlaubsentgelt nicht zurückgefordert werden.

K 1.5.4 und 1.6.2

1.25 Die Volljährigen Kai und Stefan befinden sich im ersten Ausbildungsjahr (Beginn 01.09.) und konnten aus betrieblichen Gründen bisher keinen Urlaub erhalten. Sie beantragen vom 19.03. bis 31.03. für 8 Werktage Urlaub. Kann der Ausbilder den Urlaub ablehnen?

ja **nein**

Bundesurlaubsgesetz § 7 Zeitpunkt, Übertragbarkeit und Abgeltung des Urlaubs (Auszug)

3) Der Urlaub muss im laufenden Kalenderjahr gewährt und genommen werden. Eine Übertragung des Urlaubs auf das nächste Kalenderjahr ist nur statthaft, wenn dringende betriebliche oder in der Person des Arbeitnehmers liegende Gründe dies rechtfertigen. Im Fall der Übertragung muss der Urlaub in den ersten drei Monaten des folgenden Kalenderjahres gewährt und genommen werden. Auf Verlangen des Arbeitnehmers ist ein nach § 5 Abs. 1 Buchstabe a entstehender Teilurlaub jedoch auf das nächste Kalenderjahr zu übertragen.

(4) Kann der Urlaub wegen Beendigung des Arbeitsverhältnisses ganz oder teilweise nicht mehr gewährt werden, so ist er abzugelten.

K 1.6.3

1.26 Für welche Leistungen muss der Arbeitgeber bei der Ausbildungsvergütung gesetzliche Abzüge veranschlagen? (Bitte ankreuzen!)

a) Rentenversicherung
b) Haftpflichtversicherung
c) Lebensversicherung
d) Pflegeversicherung
e) Berufsgenossenschaft
f) Berufsunfähigkeitsversicherung
g) Arbeitslosenversicherung
h) Krankenversicherung

K 1.6.3

1.27 Die Abrechnung der Ausbildungsvergütung für den letzten Monat enthält die Daten der Tabelle. Welche der folgenden Aussagen ist danach richtig? (Bitte ankreuzen!)

Bruttovergütung	610,00 €
Lohnsteuer	0,00 €
Solidaritätszuschlag	0,00 €
Kirchensteuer	0,00 €
Krankenversicherung	48,50 €

Rentenversicherung	60,70 €
Arbeitslosenversicherung	10,07 €
Pflegeversicherung	5,19 €
Auszahlung	485,54 €

a) Lohn- und Kirchsteuer sowie Solidaritätszuschlag entfallen grundsätzlich für Auszubildende.
b) Der Arbeitgeber führt 124,46 € an Sozialabgaben ab.
c) Der Arbeitgeber überweist 124,46 € zzgl. Arbeitgeberanteil an die Krankenkasse.
d) Den Beitrag zur Unfallversicherung tragen Arbeitgeber und Arbeitnehmer je zur Hälfte.
e) Der Arbeitgeber überweist 114,39 € an die Krankenkasse.
f) Der Arbeitgeber überweist 70,77 € an den Staat.

K 1.6.3

1.28 Ihr Ausbildungsbetrieb möchte Sie (21 Jahre, ledig) nach der Ausbildung übernehmen und bietet Ihnen ein Anfangsgehalt von 2.200,00 € brutto an. Ermitteln Sie Ihr Nettoentgelt anhand der folgenden Abzugstabelle für Steuern und Sozialabgaben.

Steuersätze und Arbeitnehmeranteile zur Sozialversicherung	
Krankenversicherung (½ Satz)	8,0 %
Pflegeversicherung (½ Satz)	0,9 %
Rentenversicherung (½ Satz)	9,9 %
Arbeitslosenversicherung (½ Satz)	2,1 %
Lohnsteuer	14,0 %
Kirchensteuer von Lohnsteuer	9,0 %
Solidaritätszuschlag von Lohnsteuer	5,5 %
Zusatzbeitrag Pflegeversicherung	0,25 %
Zusatzbeitrag Krankenkasse	0,9 %

Nettogehalt:

Hinweis: Prozentsätze wurden hier für Unterrichtszwecke vorgegeben und können von den derzeit gültige Sätzen abweichen.

K 1.6.3

1.29 Welche Aussagen zur „elektronischen Lohnsteuerkarte" sind korrekt? (Bitte ankreuzen!)
a) Eine „elektronische Lohnsteuerkarte" wird beim Arbeitsamt beantragt.
b) Der Arbeitgeber erhält die Lohnsteuerabzugsmerkmale elektronisch übermittelt.
c) Der Arbeitnehmer erhält die Lohnsteuerdaten automatisch nach Arbeitsantritt.
d) Lohnsteuerabzugsmerkmale nennt man auch ELSTAM.
e) In der Datenbank sind der Name des Steuerpflichtigen, Steuerklasse und Freibeträge eingetragen.

K 1.6

1.30 Geben Sie den richtigen Ablauf bei folgenden Arbeitsschritten für ein Bewerbungsverfahren an:
a) Die Fachabteilung trifft eine Vorauswahl geeigneter Bewerber nach Aktenlage.
b) Für die Stellenausschreibung wird eine Stellenbeschreibung erstellt.
c) Ein Assessment wird durchgeführt.
d) Bewerbungseingang
e) Interne und externe Stellenausschreibung
f) Aushändigung des Arbeitsvertrages
g) Einladung zum Assessment
h) Entscheidung für eine Mitarbeiterin bzw. einen Mitarbeiter

K 1.7

1.31 Nach der Schule rutscht ein Auszubildender mit dem Motorrad auf dem Weg nach Hause aus und verletzt sich am Arm. Welche Aussage ist korrekt? (Bitte ankreuzen!)

a) Es handelt sich um einen Freizeitunfall, den die private Unfallversicherung des Auszubildenden trägt.
b) Der Schaden ist durch die Haftpflichtversicherung des Motorrades gedeckt.
c) Es handelt sich um einen Arbeitsunfall, der der Berufsgenossenschaft gemeldet wird.
d) Die Krankenkasse des Auszubildenden deckt den Schaden inkl. eines Schmerzensgeldes.
e) Da kein anderer Verkehrsteilnehmer Schuld ist, muss der Auszubildende den Schaden selbst tragen.

K 1.7

1.32 Sie werden gefragt, welche Versicherungsträger für folgende sechs Leistungen zuständig sind. Ordnen Sie die Versicherungsträger korrekt zu.

Versicherungsträger

a) Krankenversicherung
b) Berufsgenossenschaft
c) Deutsche Rentenversicherung
d) Bundesagentur für Arbeit
e) Pflegeversicherung
f) Private Haftpflichtversicherung
g) Private Unfallversicherung

Leistungen

Arztkosten, durch Sie verschuldeter Fingerbruch einer Mitschülerin zu Hause ☐
Arztkosten, Fingerbruch einer Mitschülerin im Betrieb ☐
Ausbildungs- und Berufsberatung ☐
Rehabilitationsmaßnahmen, um nicht vorher krankheitsbedingt erwerbslos zu werden und Rente zu beanspruchen ☐
Hilfe durch häusliche Betreuung und Pflege wegen einer schweren, andauernden Erkrankung ☐
Krankenhaustagegeld während der Behandlung des selbst verschuldeten Fingerbruchs ☐

K 1.7

1.33 Sie haben an einer Sicherheitsunterweisung teilgenommen und sollen die Bedeutungen den Sicherheitsfarben richtig zuordnen.

Bedeutungen	Sicherheitsfarben	
a) Gefahr, Vorsicht, Warnung	Rot	☐
b) Halt, Verbot, Brandschutz	Gelb	☐
c) Gebot, Hinweise	Grün	☐
d) Gefahrlosigkeit, Rettung, Erste Hilfe	Blau	☐

K 1.7

1.34 Nach einer Sicherheitsunterweisung sollen Sie die Form- und Farbkombinationen den verschiedenen Zeichenarten zuordnen.

Form- und Farbkombinationen	Zeichenarten	
a) rund und blau mit weißen Symbolen	Verbotszeichen	☐
b) dreieckig und gelb mit schwarzen Symbolen	Brandschutzzeichen	☐
c) eckig und grün mit weißen Symbolen	Warnzeichen	☐
d) rund und rot mit schwarzen Symbolen	Rettungszeichen	☐
e) eckig und blau mit weißen Symbolen	Gebotszeichen	☐
f) eckig und rot mit weißen Symbolen	Hinweiszeichen	☐

K 1.7

1.35 Ordnen Sie die folgenden Maßnahmen bei einem Stromunfall in die richtige Reihenfolge.

a) Unfall der Berufsgenossenschaft melden
b) Erste Hilfe leisten (z. B. Atemspende, Herzdruckmassage, stabile Seitenlage)
c) Arzt benachrichtigen
d) Stromkreis unterbrechen
e) Angehörige des Verletzten benachrichtigen

Reihenfolge					

K 1.7

1.36 Ordnen Sie für folgende Sicherheitszeichen die richtige Bedeutung zu:

a) 	d) 	g) 
b) 	e) 	h) 
c) 	f) 	i) 

Betreten der Fläche verboten	☐
Mittel und Geräte zur Brandbekämpfung	☐
Vor Arbeiten freischalten	☐
Aufzug im Brandfall nicht benutzen	☐
Vor Öffnung Netzstecker ziehen	☐
Rutschgefahr	☐
Notausgang mit Zusatzzeichen	☐
Berühren verboten	☐
Warnung vor radioaktiven Stoffen	☐

K 1.5.3.2

1.37 Kreuzen Sie an, in welchen der folgenden Fälle ein Betriebsrat zustimmen muss. (Bitte ankreuzen!)
Mitbestimmung eines Betriebsrates bei Maßnahmen zur mobilen Arbeit (mobil unterwegs, zu Hause (Homeoffice), im Betrieb) nach § 87 BetrVG:

a) Mobile Arbeit im privaten Bereich unterliegt nicht dem Mitbestimmungsrecht/BetrVG. ☐
b) Maßnahmen zur Ordnung und zum Verhalten der Arbeitnehmer im Homeoffice ☐
c) Maßnahmen zur Feststellung der Arbeitszeit mobil und im Homeoffice ☐
d) personelle Ausgestaltung von mobilen Plätzen im Betrieb ☐
e) wirtschaftliche Ausgestaltung, Festlegung der Budgets für mobiles Arbeiten ☐
f) soziale Ausgestaltung der mobilen Arbeit ☐

1.4 Abschlusstest Nr. 2 – Kapitel 1.5 bis 1.8.4 (max. 100 Punkte)

Bewertung: ungenügend < 30 Punkte, mangelhaft < 50 Punkte, ausreichend < 67 Punkte, befriedigend < 81 Punkte, gut < 92, sehr gut > 91 Punkte

1.4.1 Was ist richtig? (Bitte ankreuzen!) (33 Punkte)

1. Gesetzliche Grundlage für die Berufsausbildung ist der Tarifvertrag.
2. Die schulische Ausbildung wird über die Ausbildungsverordnung geregelt.
3. Nach BBiG können Azubis vorzeitig zur Prüfung zugelassen werden.
4. Eine Ausbildung kann nachträglich nicht verlängert werden.
5. Nach BBiG muss der Auszubildende umgehend einen Ausbildungsvertrag erhalten.
6. Neben der Berufsschule und der IHK erhält der Azubi auch vom Betrieb ein Zeugnis.
7. Die Probezeit in der Ausbildung kann zwischen 1 und 3 Monaten betragen.
8. Jeder Arbeitnehmer hat das Recht, jederzeit in seine Personalakte Einsicht zu nehmen.
9. Das Mitbestimmungsgesetz regelt die Bildung eines Betriebsrates.
10. Das Betriebsverfassungsgesetz regelt die Bildung eines Betriebsrates.
11. Eine Jugendvertretung kann bei fünf Auszubildenden unter 25 Jahren eingerichtet werden.
12. Ohne Tarifvertrag können durch Betriebsvereinbarung Regelungen im Betrieb getroffen werden.
13. Für Betriebsvereinbarungen ist kein Betriebsrat nötig.
14. Ein Streik kann nur per Urabstimmung mit mindestens 75 % der Mitglieder beschlossen werden.
15. Nach Ende des Tarifvertrages gilt noch eine Friedenspflicht von acht Wochen.
16. Während des Streiks können Arbeitgeber Mitarbeiter aussperren.
17. Während des Streiks erhalten alle Mitarbeiter von der Gewerkschaft Streikgeld.
18. Tarifverträge können vom Bundesministerium für allgemein verbindlich erklärt werden und sind dann für alle Betriebe gültig.
19. Die Jugend- und Auszubildendenvertretung kann Beschlüsse des Betriebsrates auf Antrag für eine Woche aussetzen.
20. Nach Jugendschutzgesetz ist die Beschäftigung von Kindern unter 14 Jahren verboten.
21. Ab 14 Jahren können Kinder mit Erlaubnis der Sorgeberechtigten täglich bis zwei Stunden einer Beschäftigung mit leichten Tätigkeiten nachgehen.
22. Mehrarbeit von Jugendlichen ist in den nächsten drei Wochen auszugleichen.
23. Die Wartezeit für einen vollen Jahresurlaub beträgt sechs Monate.
24. Wenn ein Arbeitnehmer nach erfüllter Wartezeit in der 2. Hälfte aus dem Arbeitsverhältnis ausscheidet, hat er Anspruch auf den vollen Jahresurlaub.
25. Der Arbeitgeber und der Arbeitnehmer tragen die Krankenkassenbeiträge genau zur Hälfte.
26. Der Arbeitgeber führt Beiträge der Arbeitslosen- und Rentenversicherung an die Krankenkasse ab.
27. Kirchensteuer und Solidaritätszuschlag werden prozentual von der Lohnsteuer berechnet.
28. Steuerklasse 3 wird von beiden verheirateten Arbeitnehmern gewählt.
29. Steuerklasse 1 ist die schlechteste Steuerklasse, Steuerklasse 6 die günstigste Steuerklasse.
30. Mindestens vier Wochen dem Betrieb angehörende Arbeitnehmer erhalten bei Krankheit vom Arbeitgeber acht Wochen Fortzahlung des Arbeitsentgelts.
31. Die Beiträge der Berufsgenossenschaft richten sich nach den Bruttobezügen der Arbeitnehmer.
32. Die Berufsgenossenschaftsbeiträge fallen geringer aus, wenn Unternehmen weniger Unfälle im Vergleich haben.
33. Sicherheitsbeauftragte müssen nach dem Arbeitssicherheitsgesetz bestellt werden.

1.4.2 Auswahlaufgaben, Ordnungsaufgaben

34. Ordnen Sie eine der Aussagen a) bis e) richtig zu. (5 Punkte)

a) Wird vom Betrieb (Ausbilder) erstellt.
b) Muss vor der Abschlussprüfung vorgelegt werden.
c) Ist Grundlage für den Unterricht in der Berufsschule.
d) Ist gesetzlicher Rahmen für die Ausgestaltung des Berufsausbildungsverhältnisses.
e) Enthält gemeinsame inhaltliche Vorgaben für die betriebliche Ausbildung.

Ausbildungsrahmenplan	
Rahmenlehrplan	
Berichtsheft	
Berufsbildungsgesetz	
Ausbildungsplan	

35. Wogegen wurde verstoßen? Ordnen Sie eine der Aussagen a) bis e) richtig zu. (5 Punkte)

a) Geschäftsgeheimnisse und persönliche Angelegenheiten gelangen an Dritte.
b) Der Auszubildende war nachlässig in der Arbeit.
c) Der Arbeitgeber bevorzugt immer einen Auszubildenden.
d) Der Auszubildende lobt die Mitbewerber, redet schlecht über den eigenen Betrieb.
e) Der Auszubildende repariert bei einem Kunden PCs ohne Wissen des Ausbildungsbetriebs.

Treuepflicht	
Wettbewerbsverbot	
Fürsorgepflicht	
Arbeitspflicht	
Verschwiegenheitspflicht	

36. Welche Aufgaben und Rechte hat der Betriebsrat u. a.? (Bitte ankreuzen!) (4 Punkte)

a) überwacht Unfallverhütungsvorschriften
b) bestimmt mit bei der Festlegung der Arbeitsvergütung in den Arbeitsverträgen
c) bestimmt mit bei der Festsetzung von Akkord- und Prämiensätzen
d) bestimmt mit bei der Festlegung von Beginn und Ende der täglichen Arbeitszeit
e) fördert die Durchsetzung der Gleichstellung von Frauen und Männern

37. Ordnen Sie jeweils zwei Regelungen zum individuellen und kollektiven Arbeitsrecht zu. (4 Punkte)

a) Ausgestaltung des Arbeitsvertrages
b) Beschluss von Betriebsvereinbarungen
c) Festlegung des Arbeitsentgelts eines Arbeitnehmers
d) Aufstellung und Gültigkeit eines Tarifvertrages

Individuelles Arbeitsrecht ☐☐ Kollektives Arbeitsrecht ☐☐

38. Kreuzen Sie an, welche Angaben auf der „elektronischen Lohnsteuerkarte" genannt werden. (3 Punkte)

a) Urlaubstage des Arbeitnehmers
b) Monatsgehalt des Arbeitnehmers
c) Steuerklasse des Arbeitnehmers
d) Kinderfreibeträge des Arbeitnehmers
e) Wohnort des Arbeitnehmers

39. Ordnen Sie die Aussage der richtigen Leistung des Arbeitgebers zu. (5 Punkte)

a) Der Arbeitgeber zahlt in einen Bausparvertrag des Arbeitgebers ein.
b) Durch Betriebsvereinbarung erhält der Arbeitnehmer je Überstunde zusätzlich 2,00 €.
c) Für einen Auftrag wurde die Bezahlung nach Leistungseinheiten vereinbart.
d) Die Vertriebsmitarbeiter erhalten ihr Gehalt flexibel entsprechend dem Umsatz.
e) Alle Mitarbeiter erhielten eine Sonderzuwendung von 500,00 € wegen des guten Geschäftsjahres.

Akkordlohn	
Zuschlag	
Provision	
Gratifikation	
Vermögenswirksame Leistungen	

40. Ordnen Sie folgende Sicherheitsregeln in die richtige Reihenfolge. (5 Punkte)

a) Benachbarte, unter Spannung stehende Teile abdecken oder abschranken
b) Spannungsfreiheit feststellen
c) Freischalten
d) Gegen Wiedereinschalten sichern
e) Erden und Kurzschließen

Reihenfolge					

1.4.3 Antwortaufgaben, freie Aufgaben, Rechenaufgaben

41. Setzen Sie die richtige Zahl bezüglich der Aussagen zum Betriebsrat ein. (5 Punkte)

a) Mindestzahl von Arbeitnehmern für die Einrichtung eines Betriebsrates?
b) Mindestalter der Wahlberechtigten für den Betriebsrat?
c) Amtszeit des Betriebsrates in Jahren?
d) Wie viel Jahre nach der Amtszeit haben Betriebsratsmitglieder Kündigungsschutz?
e) Minimale Anzahl an Wahlberechtigten für die Beantragung eines Betriebsrates?

42. Für den Arbeitsvertrag gelten folgende Regelungen. Tragen Sie die richtigen Zahlen ein. (4 Punkte)

a) Höchstdauer für befristete Arbeitsverträge in Jahren
b) Längste Dauer der Probezeit in Monaten
c) Kündigungsfrist in der Probezeit in Wochen
d) Höchstarbeitszeit in Stunden

43. Kreuzen Sie richtig an: Die Beitragsbemessungsgrenze gibt an, ab welchem Betrag ... (3 Punkte)

a) der Arbeitnehmer einen zusätzlichen Krankenkassenbeitrag zahlt.
b) sich die Sozialversicherungsbeiträge nicht mehr erhöhen.
c) der Arbeitnehmer in die private Krankenkasse wechseln kann.
d) ein 0,25 % höherer Beitrag zur Pflegeversicherung zu leisten ist.
e) der Unfallversicherungsbeitrag vom Arbeitgeber allein zu tragen ist.

44. Berechnen Sie das Nettoentgelt nach folgenden Angaben: (8 Punkte)

Arbeitnehmer, 21 Jahre, keine Kinder
Bruttogehalt: 1.600,00 €, Lohnsteuerabzug 8 %,
Solidaritätszuschlag 0 %

Beitragssätze: Krankenkasse 15,0 %, Pflegeversicherung 2,4 %,
Rentenversicherung 19,0 %,
Arbeitslosenversicherung 2,4 %

Zusätzliche Beitragssätze: Pflegeversicherung 0,35 %,
Krankenkasse 0,9 %

(Hinweis: Aus schulischen Gründen wurden teilweise keine aktuellen Werte verwendet.)

Bruttobetrag:
= Nettobetrag:

45. Berechnen Sie das Nettoentgelt nach folgenden Angaben: (8 Punkte)

Arbeitnehmer, 23 Jahre, keine Kinder
Bruttogehalt: 2.200,00 €, Lohnsteuerabzug 14 %, Kirchensteuerabzug 9 %, Solidaritätszuschlag 5,5 %

Beitragssätze: Krankenkasse 14,6 %, Pflegeversicherung 2,4 %,
Rentenversicherung 18,6 %,
Arbeitslosenversicherung 2,5 %

Zusätzliche Beitragssätze: Pflegeversicherung 0,35 %,
Krankenkasse 0,9 %

(Hinweis: Aus schulischen Gründen wurden teilweise keine aktuellen Werte verwendet.)

Bruttobetrag:
= Nettobetrag:

46. Geben Sie für die folgenden Zeichen jeweils die Bedeutung von Form und Sicherheitsfarbe sowie die Aussage an. (8 Punkte)

Zeichen	Bedeutung von Form und Sicherheitsfarbe	Aussage des Zeichens
a) 		
b) 		
c) 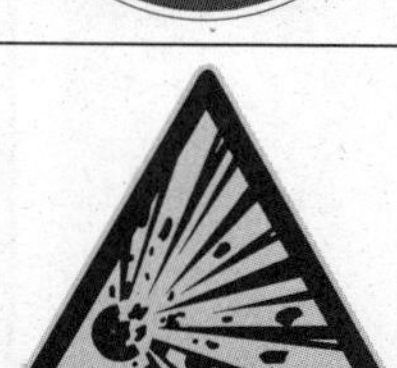		
d) 		

2 Geschäftsprozesse und betriebliche Organisation

2.1 Vorlagen und Zusatzaufgaben – Kapitel 2 bis 2.4

2.1.1 Vorlagen

K 2.1

Vorlage für Aufgabe 1 (S. 116)

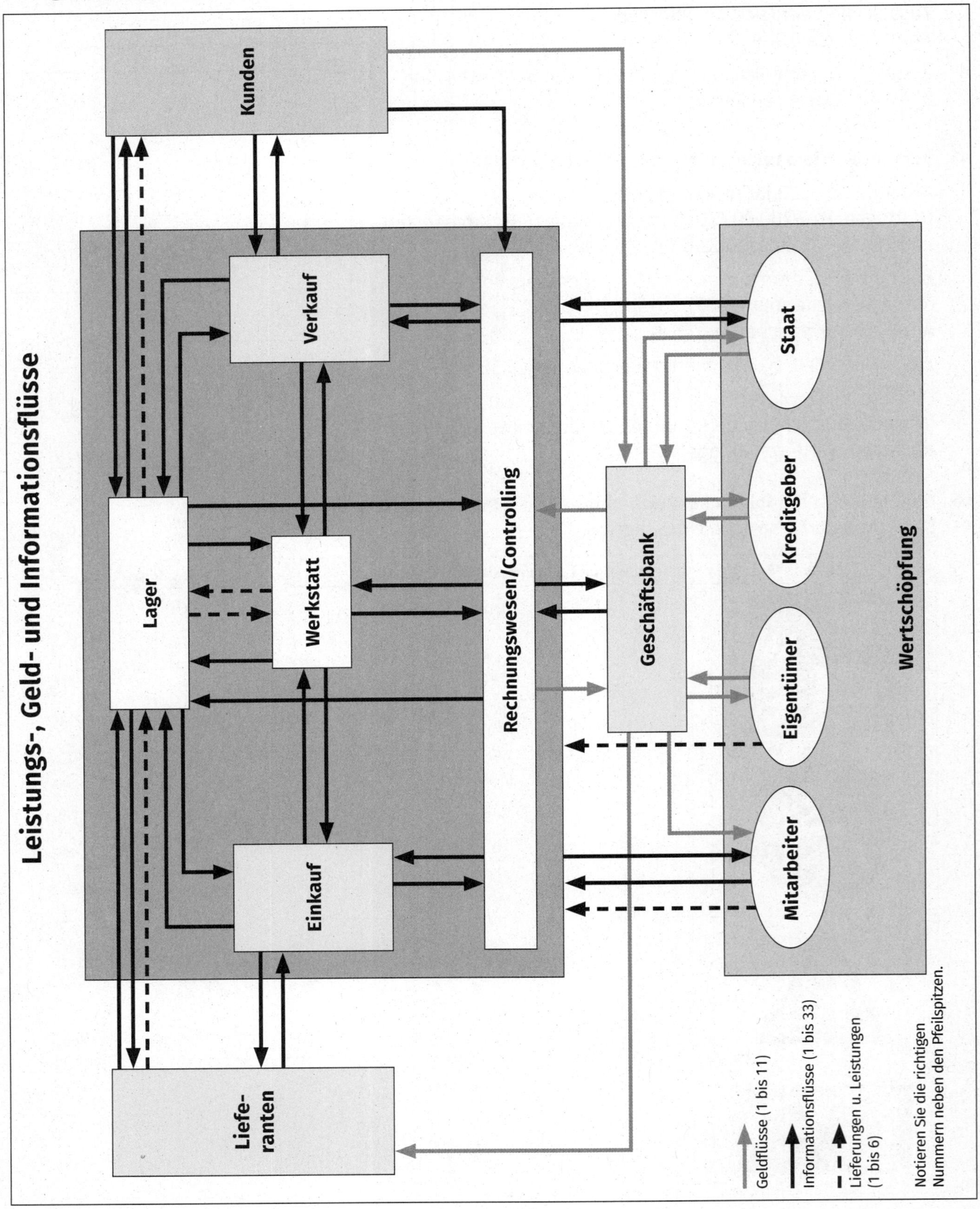

2.1.2 Zusatzaufgaben

K 2.2

2.1 ACI soll bei der INTERTEE AG die Orientierung der Organisation auf Geschäftsprozesse unterstützen. Welche Vorteile ergeben sich durch eine Geschäftsprozessorientierung? (Bitte ankreuzen!)

a) klare Zuständigkeiten jeder Stelle bezogen und klares Abteilungsdenken
b) Fokussierung auf die Kernprozesse und die Kundenwünsche
c) Einrichtung von Teamarbeit und Qualitätsmanagement in jeder Abteilung
d) Reduzierung von Schnittstellen zwischen den Abteilungen und Verbesserung der abteilungsübergreifenden Prozesse
e) Dezentralisierung der Softwarebeschaffung auf jede Stelle, um jeweils für die Stelle die beste Software zu erhalten
f) Schaffung zusätzlicher Qualitätsstellen zur Verbesserung und Kontrolle der Qualität

K 2.2

2.2 In der Diskussion über die Geschäftsprozessorientierung wird ein Geschäftsprozess unterschiedlich erklärt. Welche Beschreibung des Begriffes ist zutreffend? (Bitte ankreuzen!)

a) Ein Geschäftsprozess ist eine Folge von Tätigkeiten einer Abteilung.
b) Ein Geschäftsprozess umfasst die Tätigkeiten einer Abteilung, die sich auf den Kunden beziehen.
c) Ein Geschäftsprozess umfasst die gleichartigen Tätigkeiten im Betrieb.
d) Ein Geschäftsprozess besteht aus einer abgeschlossenen Folge zusammengehörender Tätigkeiten zur Erreichung betrieblicher Ziele.
e) Ein Geschäftsprozess ist die Beschreibung stellenbezogener Tätigkeiten im Rahmen der Stellenbeschreibung.

K 2.2

2.3 Die INTERTEE AG will sich zukünftig auf kundennahe und wertschöpfungsintensive Kernprozesse konzentrieren. Welcher Prozess ist kundennah und wertschöpfungsintensiv?
(Bitte ankreuzen!)

a) Aufbau und Redaktion eines Fachportals www.tee.com mit Internetshop
b) Zahlungsverkehr mit Kreditoren
c) Verarbeitung von Tee in einer vollautomatischen Teebeutelverpackungsanlage
d) Personalverwaltung von 1 000 Teepflückern in Malaysia
e) EDV-Verwaltung in der deutschen Zentrale für 60 Mitarbeiter

K 2.2

2.4 Geben Sie an, welche Zielsetzungen <u>nicht</u> einer prozessorientierten Organisation entsprechen.
(Bitte ankreuzen!)

a) Ausrichtung der Arbeitsabläufe an den Wünschen der Kunden
b) Schaffung einer neuen Organisationshierarchie zur Verbesserung der Qualität
c) weniger Bearbeiterwechsel bei ganzheitlicher Fallbearbeitung
d) Spezialisierung und Reduzierung der Tätigkeiten, um Mitarbeiter schnell anlernen zu können
e) zentrales Weisungssystem von oben nach unten und zentrales Informationssystem von unten nach oben
f) Datenschutz durch konsequente Trennung des Informations- und Datenflusses zu den Geschäftspartnern

K 2.3.2

2.5 Das Qualitätsteam will zur Verbesserung der Auftragsabwicklung verschiedene Analysemethoden einsetzen. Ordnen Sie die Beschreibungen der richtigen Analysemethode zu.

<u>Beschreibungen</u>

a) Wir vergleichen uns mit einem anderen Systemhaus.
b) Geschäftsabläufe werden genau untersucht.
c) Eine Anhörung mit Mitarbeitern des Lagers soll Fehlerquellen aufdecken.
d) Geschäftsprozesse werden mit Musterprozessen verglichen.
e) Mängel und Ursachen werden ermittelt.

Analysemethoden	
Audit	
Benchmarking	
Schwachstellenanalyse	
Workflow-Analyse	
Referenzanalyse	

K 2.3.3.2

2.6 Worin besteht der wirtschaftliche Vorteil einer zentralen gegenüber einer dezentralen Einkaufsabteilung? (Bitte ankreuzen!)

a) besserer Kontakt zwischen Lager und Lieferanten
b) kürzere Bearbeitungszeiten von Debitorenrechnungen
c) bessere Kenntnisse über Neuentwicklungen bei den Lieferanten
d) bessere Kenntnisse über die örtlichen Lieferanten
e) günstigere Preise und Zahlungsbedingungen durch größere Abnahmemengen

K 2.3.3.2

2.7 Sie arbeiten bei einem international tätigen Hardwarehersteller und studieren das Organisationsverzeichnis der Firmenzentrale in Michigan (USA). Für welche Funktionsbereiche sind folgende Manager zuständig?

<u>Manager</u>

a) Director Research and Development
b) Financial Officer
c) Sales Director
d) Manager Human Resources
e) Purchasing Manager

Zuständigkeiten	
Finanzen	
Einkauf	
Vertrieb	
Forschung	
Personalwesen	

K 2.3.3.2

2.8 Ordnen Sie folgende Stellen in eine Reihenfolge entsprechend ihren Vollmachten (höchste Vollmacht zuerst).

a) Gruppenleiter
b) Geschäftsführer
c) Sachbearbeiter
d) Bereichsleiter
e) Abteilungsleiter

Reihenfolge					

K 2.3.3.4

2.9 Weisen Sie folgende Buchstaben A bis G der richtigen Stelle zu:
Vertrieb ( ), Recruiting ( ), Rechnungswesen ( ), Lager ( ), Sicherheitsbeauftragter ( ), Kostenrechnung ( ), Marketing ( )

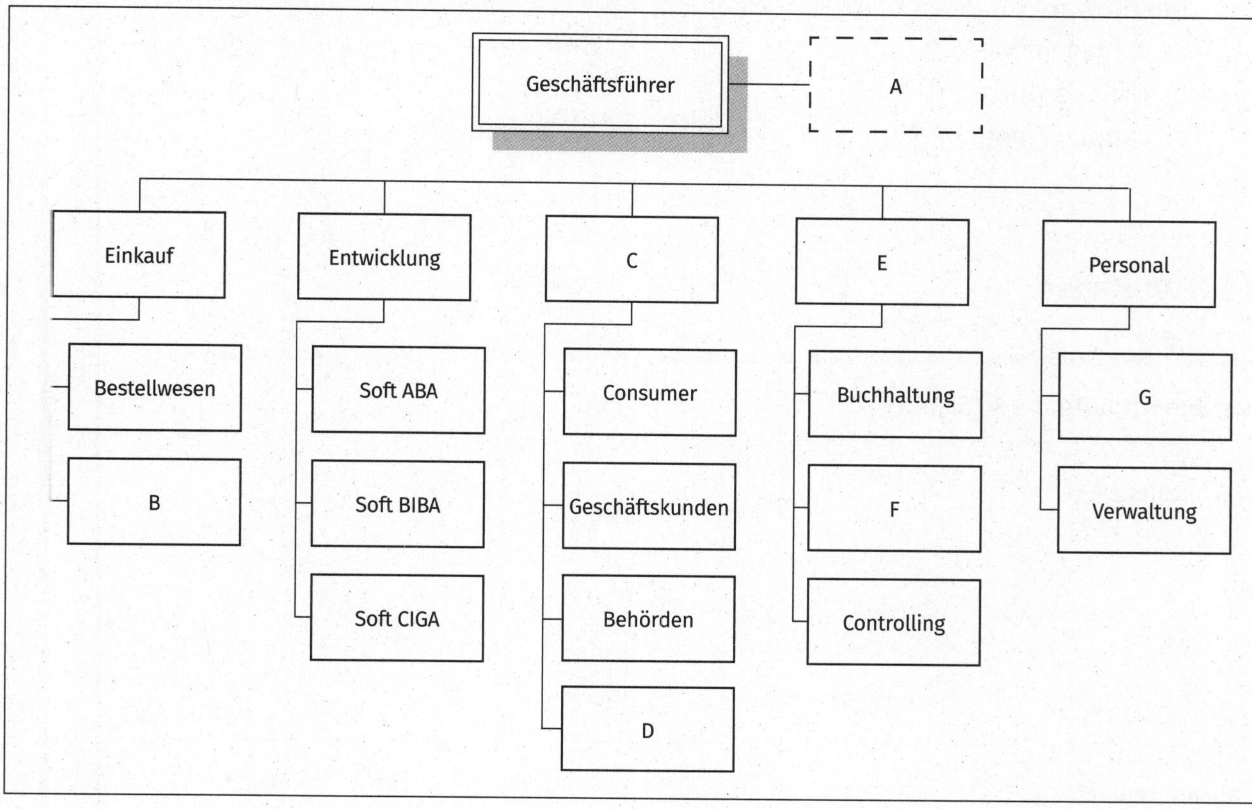

K 2.3.3.4

2.10 Welcher Aspekt beschreibt einen Vorteil der Matrixorganisation? (Bitte ankreuzen!)
a) Es gibt klare Zuständigkeiten.
b) Es gibt eine Unterstützung der Instanzen durch Berater.
c) In den Abteilungen werden Aufgaben entsprechend den Zuständigkeiten bearbeitet.
d) Es gibt keine Probleme bei der Abgrenzung von Zuständigkeiten.
e) Teamarbeit wird gefördert.

K 2.3.5

2.11 Ordnen Sie die Aussagen a) bis f) den Führungsstilen richtig zu.

<u>Aussagen</u>
a) Der Vorgesetzte trifft alle Entscheidungen allein.
b) Mitarbeiter haben größtmögliche Freiheiten, keine Vorgaben und Kontrollen.
c) Mitarbeiter werden am Entscheidungsprozess beteiligt.
d) Mitarbeiter arbeiten mittels Weisungen und Einzelanordnungen.
e) Die Kontrolle bezieht sich in erster Linie auf die Ergebnisse der Arbeit.
f) Stellenbeschreibungen legen den Entscheidungsspielraum fest.

<u>Führungsstile</u>
Laissez-faire ________
kooperativ ________
autoritär ________

K 2.3.5

2.12 Die INTERTEE AG will sich zukünftig mehr auf ihr Kerngeschäft, den Teehandel konzentrieren und das Personalwesen sowie die EDV-Verwaltung ausgliedern, indem Fremdfirmen oder von den betroffenen Mitarbeitern neu gegründete Firmen mit diesen Aufgaben beauftragt werden. Welcher Begriff wäre für eine derartige Umstellung passend? (Bitte ankreuzen!)

a) Management-Buy-out
b) Joint Venture
c) Outplacement
d) Management by Delegation
e) KVP
f) Outsourcing

2.1.3 Vorlagen

K 2.3.6.2

Vorlage für Aufgabe 4 (S. 143)

1. Ebene
(Hierarchiestufe)

2. Ebene
(Hierarchiestufe)

3. Ebene
(Hierarchiestufe)

4. Ebene
(Hierarchiestufe)

Kabelkanäle erstellen
RJ45
Switch
PC
Windows
Office
Kabel verlegen
ISDN
Router
Drucker
Fakturierung
Linux
Finanzbuchhaltung

K 2.3.6.5

Vorlage für Aufgabe 2 (S. 153): AS 1 – Lagerarbeiten und Verkauf von IT-Komponenten im Ladengeschäft und im Internetshop

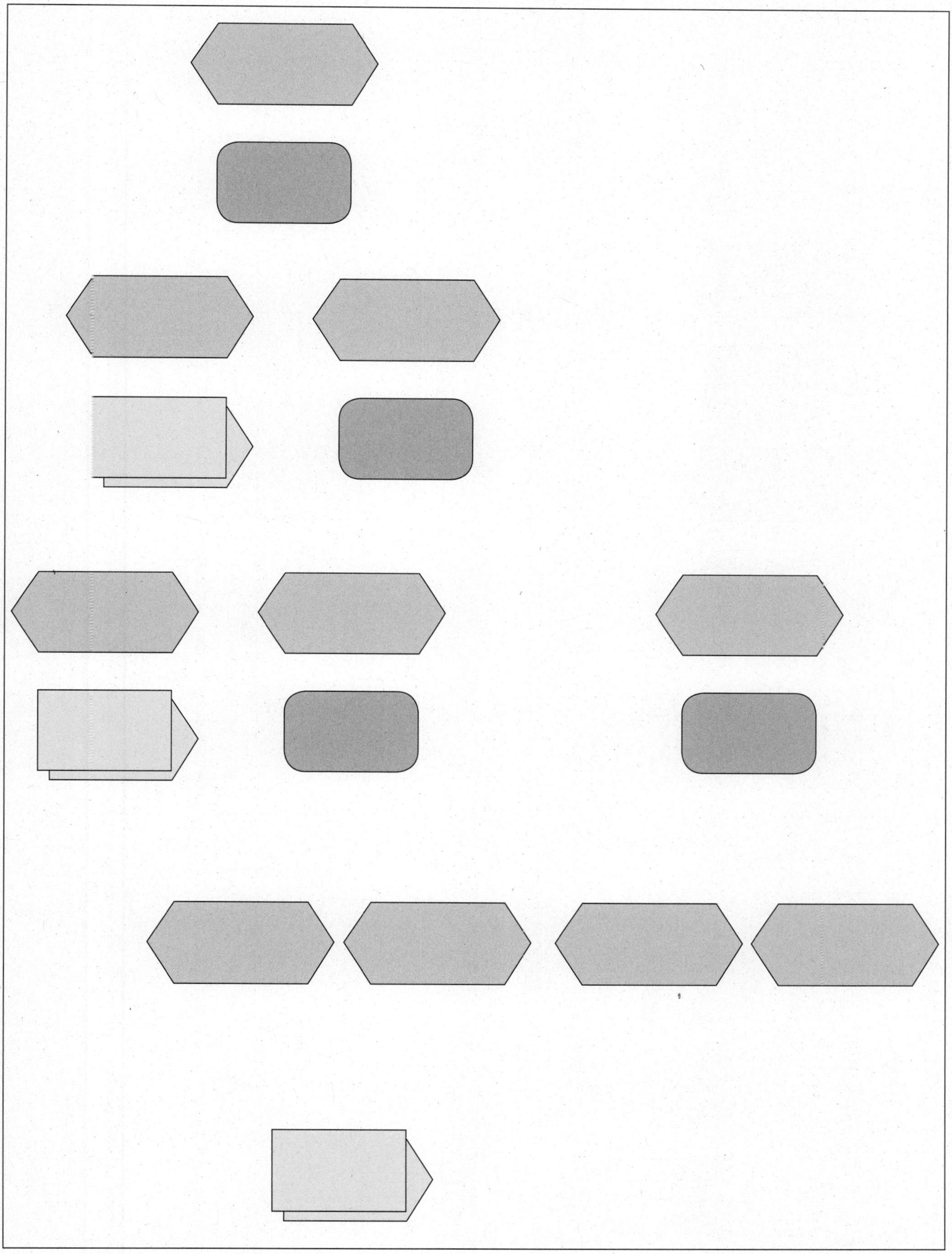

K 2.3.6.5

Vorlage für Aufgabe 3 (S. 153): AS 2 – Beratung eines Kunden bez. Aufrüstung oder Neukauf eines IT-Systems

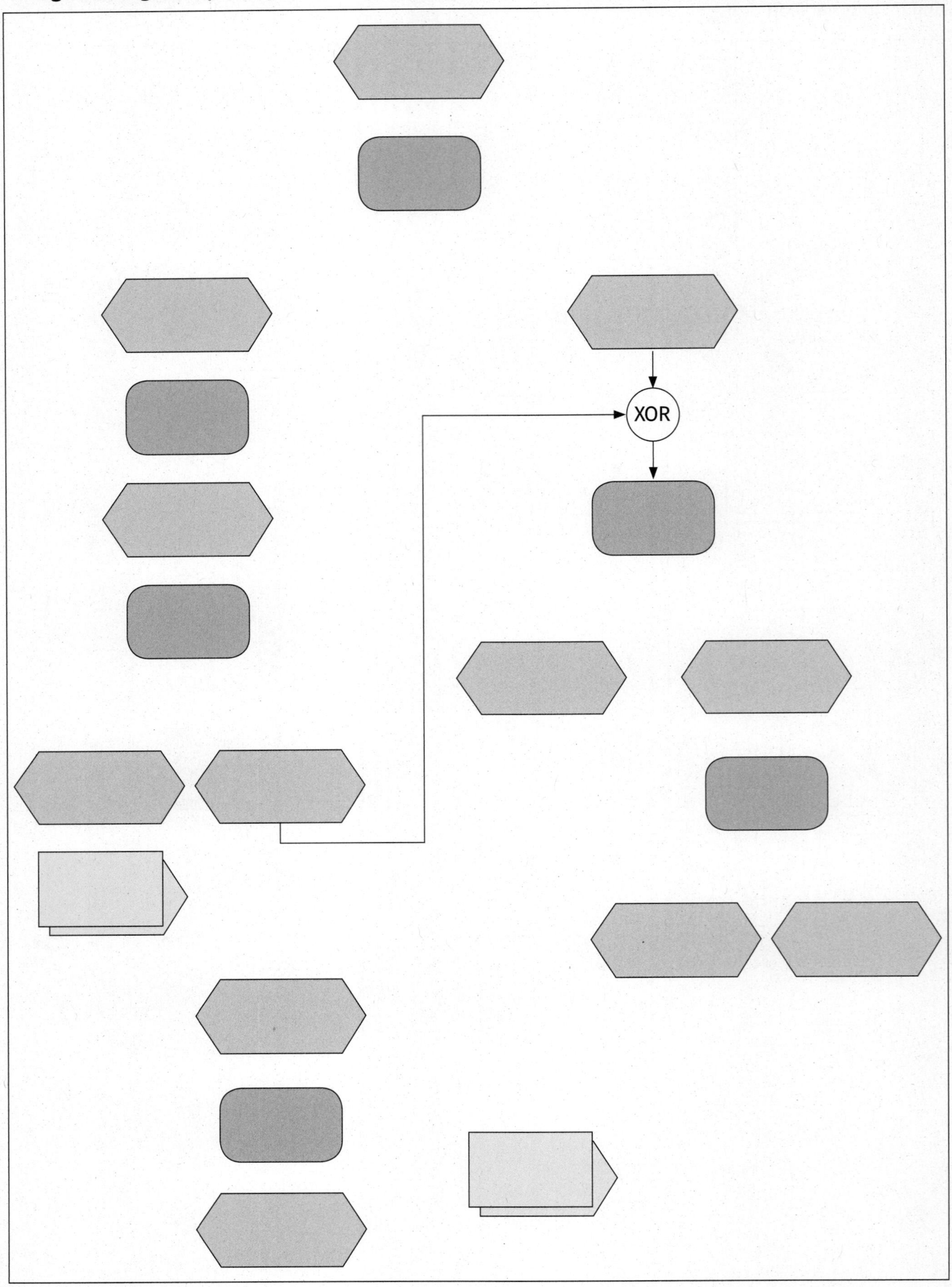

K 2.3.6.5

Vorlage für Aufgabe 6 (S. 154): EPK-Fernleihe

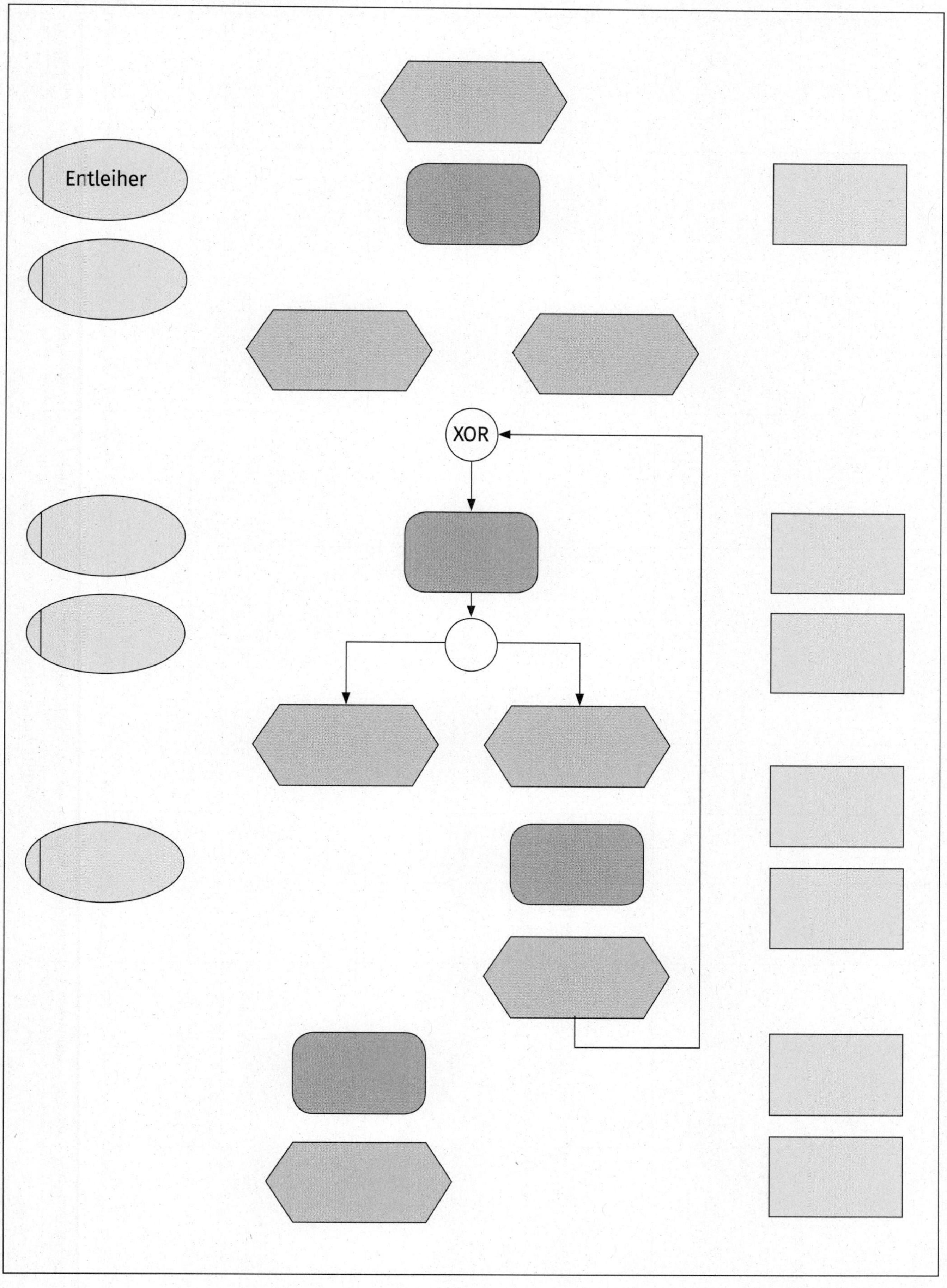

K 2.3.6.6

Vorlage für Aufgabe 1 (S. 156)

VKD Kundenauftrag erfassen und prüfen									
Medium	Daten	Funktionen	Ereignisse	Organisationseinheiten	batch	dialog	manuell	Anwendungssysteme	Masken/Listen

2.1.4 Zusatzaufgaben

K 2.3.8.1

2.13 Mitarbeiter von ACI wollen einen Netzplan erstellen. Geben Sie die richtige Reihenfolge in der Vorgehensweise an.

a) Netzplanrohentwurf erstellen
b) Pufferzeiten berechnen
c) FAZ und FEZ durch Vorwärtsrechnung berechnen
d) kritischen Pfad einzeichnen
e) SAZ und SEZ durch Rückwärtsrechnung berechnen
f) Vorgangsliste aufstellen

Reihenfolge						

K 2.3.8.1

2.14 Für den Umzug in ein anderes Gebäude wurde die folgende Vorgangsliste erstellt:

Nr.	Tätigkeiten	Vorgänger Nr.	Dauer
1	Auszug des Vormieters, Büroübergabe	–	1
2	Umbauten, Renovierung	1	10
3	Netzwerk, Telefonanlage installieren	2	2
4	neue Büromöbel u. Ä. aufstellen	3	3
5	Umzug Akten	4	1
6	Umzug Möbel, Computer	4	2
7	alte Möbel u. Ä. entsorgen	5	2
8	Eröffnung neues Büro	5, 6	1

a) Wie viel Tage nach Büroübergabe kann frühestens das neue Büro eröffnet werden?

b) Welche Tätigkeiten dürfen sich zeitlich nicht verlängern, um den Eröffnungstermin nicht in Gefahr zu bringen?

K 2.3.8.1

2.15 Lösen Sie die folgenden Aufgaben zur Planung der Erstellung eines Internetshops:

a) Ergänzen Sie im Netzplan die fehlenden Angaben lt. Legende und die Pfeile für die Pfade.
b) Markieren Sie den kritischen Pfad.
c) Geben Sie am Beispiel an, was GP bedeutet.

Vorgangsliste Webshoperstellung			
VNr.	**Vorgangsbezeichnung**	**Dauer**	**Vorgänger**
1	Projekteröffnung	1	
2	Konzepterstellung	8	1
3	Shopsoftwareauswahl	4	2
4	Shopartikel festlegen	14	2
5	Shop entwickeln	10	3, 4
6	Provider auswählen	3	3
7	Shop testen, Controlling	20	5, 6

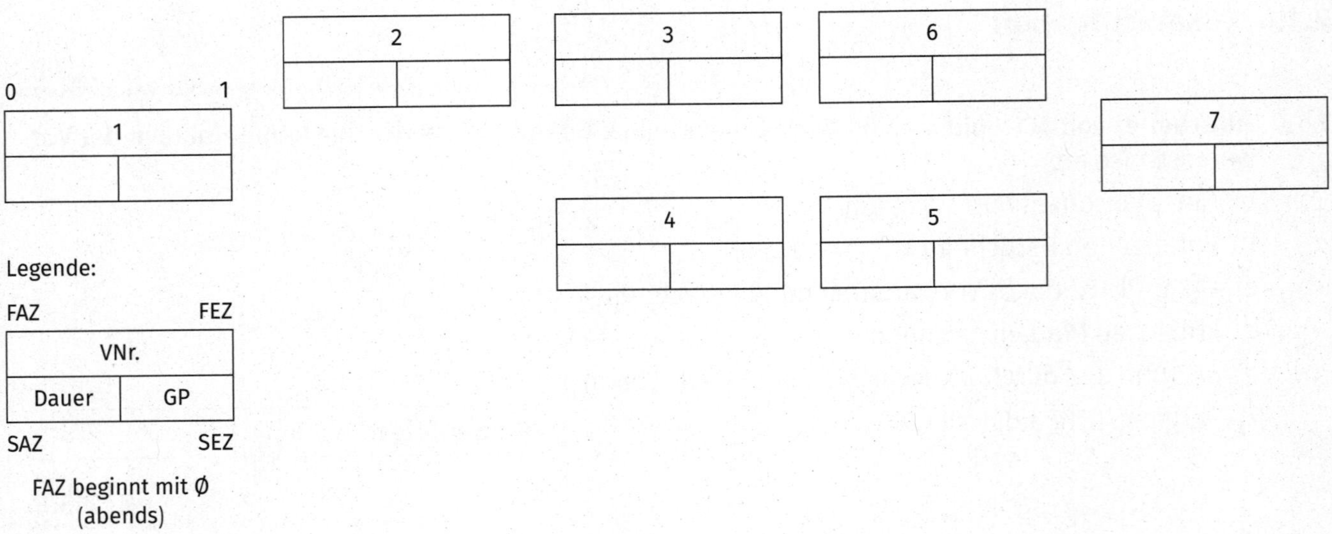

K 2.3.8.1

2.16 Folgende Vorgangsliste liegt Ihnen vor:

Vorgangsliste Projekt X-Software				
VNr.	**Vorgangsbezeichnung**	**Vorgänger**	**Nachfolger**	**Dauer Tage**
1	Bestellung eines Projektleiters		2	5
2	Einrichtung einer Projektgruppe	1	3, 4, 6	10
3	Arbeit der Marktforschung	2	5	14
4	Arbeit der Entwickler	2	5	40
5	Testphase	3, 4	7	5
6	Arbeit des Marketing	2	7	7
7	Einführungsphase	5, 6		10

a) Berechnen Sie den frühesten Anfangstermin in der Einführungsphase der X-Software (Beginn bei Ø abends).

____

b) Welche Vorgänge liegen nicht auf dem kritischen Pfad?

____

2.1.5 Vorlagen

K 2.3.8.1

Vorlage für Aufgabe 4a (S. 169 f.)

Balkendiagramm Projekt „Verbesserung der Unternehmensabläufe und der Produktivität im Personalwesen“																													
Vorgänge			Arbeitstage (Termin)																										
Nr.	Bezeichnung	Tage	1	2	3	4	5	6	7	8	9	10	11	12	13	14	15	16	17	18	19	20	21	22	23	24	25	26	27

K 2.3.8.1

Vorlage für Aufgabe 4b (S. 169 f.)

Verbesserung der Unternehmensabläufe und der Produktivität im Personalwesen

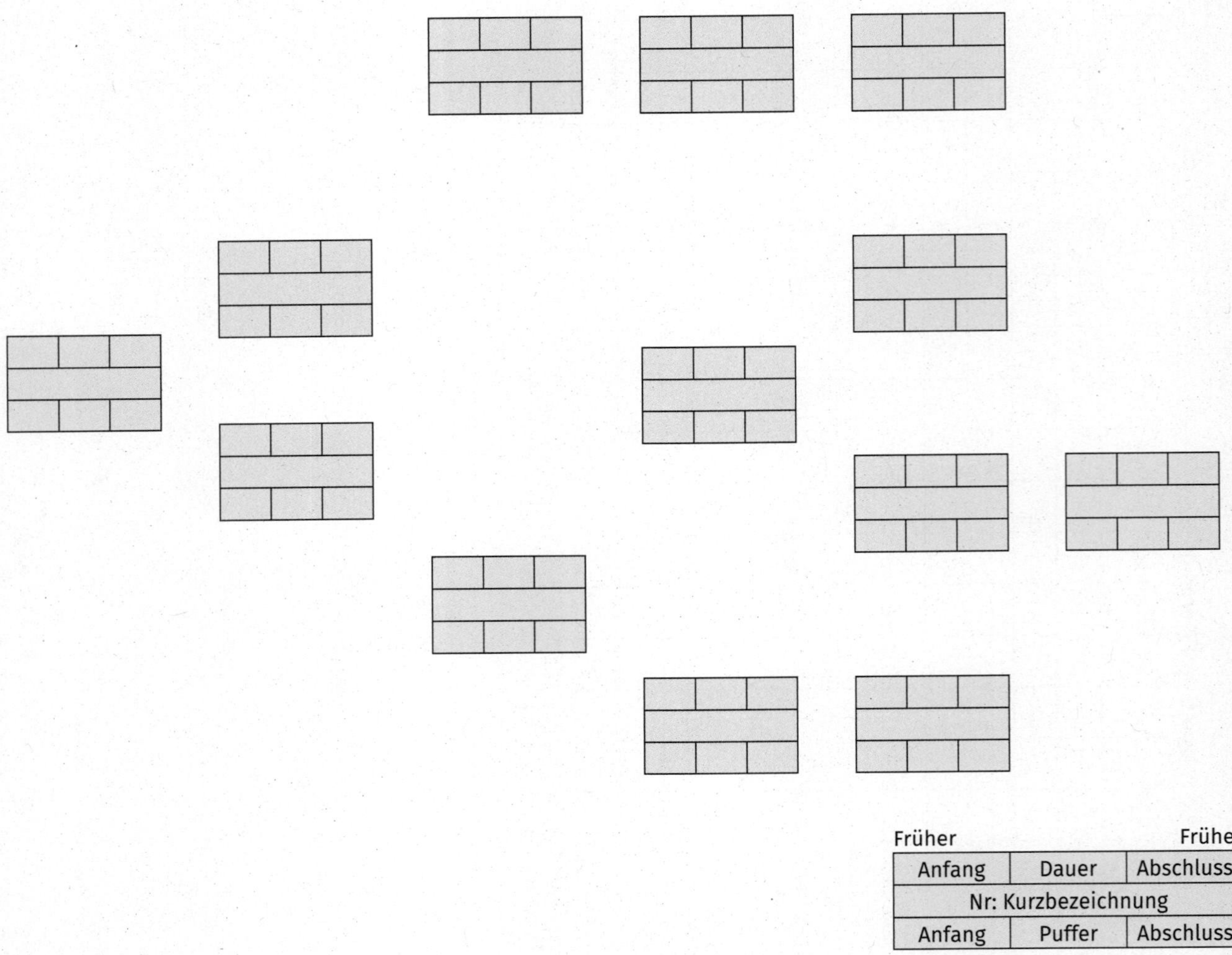

K 2.3.8.1

Vorlage für Aufgabe 4c (S. 169 f.)

Kostenübersicht „Personal“ Projekt „Verbesserung der Unternehmensabläufe und der Produktivität im Personalwesen“					
Mitarbeiterinnen/Mitarbeiter	**Vorgänge**	**Kostensatz**	**Stunden Ist**	**Anteil in %**	**Gesamtkosten**
CMW Personalleiterin	1, 4, 8, 13				
CMW EDV-Leiter	1, 4				
CMW SB Personalwesen	1, 2, 3, 4, 8, 10, 13				
CMW SB EDV	2, 4, 6, 9				
ACI Projektleiter	1, 3, 4, 5, 6, 7, 8, 10, 13 2, 9, 11, 12				
ACI Entwickler	5, 8, 12, 13				
ACI Techniker	2, 4, 9, 11				
				Gesamt:	

2.2 Abschlusstest Nr. 3 – Kapitel 2 bis 2.4 (max. 100 Punkte)

Bewertung: ungenügend < 30 Punkte, mangelhaft < 50 Punkte, ausreichend < 67 Punkte, befriedigend < 81 Punkte, gut < 92 Punkte, sehr gut > 91 Punkte

2.2.1 Was ist richtig? (Bitte ankreuzen!) (24 Punkte)

1. In einem Systemhaus gehört die Personaleinstellung zu den Kernprozessen.
2. Durch Geschäftsprozessorientierung werden i. d. R. die Kosten erhöht.
3. Supportprozesse sind Prozesse, die wertschöpfend sind.
4. Beim Minimumprinzip will man mit gegebenen Mitteln viel Erfolg haben.
5. Prozess-Reengineering bringt geringere Veränderungen als das Kaizen mit sich.
6. Die „Fünf Warum" sind eine Methode des TQM.
7. Disposition ist eine Form der Dezentralisation.
8. Eine Multimomentmethode ist eine Beobachtungsmethode.
9. Eine Instanz im Organigramm dient der Linienstelle.
10. Eine Stabsstelle ist eine Leitungsstelle.
11. Eine Matrixorganisation unterstützt die Teamarbeit.
12. Eine divisionale Stellenbildung bildet Stellen nach Objekten z. B. Hardware, Software.
13. In der Stellenbeschreibung steht i. d. R. der Name des Stelleninhabers.
14. Gruppenleiter sind Vorgesetzte der Hauptabteilungsleiter.
15. Im Mehrliniensystem kann ein Mitarbeiter mehrere Vorgesetzte haben.
16. Mit Lean Production will man schlanke Prozesse in der Produktion einführen.
17. Das ARIS Vorgehensmodell hat neben der Daten- auch eine Steuerungssicht.
18. Ein Projektstrukturplan zeigt Projektaufgaben tabellarisch oder als Funktionsbaum.
19. Der Gesamtpuffer zeigt in Netzplänen zusätzliche Zeit für jeden Vorgang an.
20. Die Netzplanerstellung besteht aus einer Vorwärts- und einer Rückwärtsrechnung.
21. Der SEZ wird berechnet: Frühester SAZ-Wert des Vorgängers
22. Der Gesamtpuffer wird berechnet: FAZ – SAZ
23. Groupware dient der Gruppenarbeit.
24. Ein Index von 120 im Controlling berechnet sich aus: Umsatz 2017: 10 Mio. €, 2024: 12 Mio. €

2.2.2 Auswahlaufgaben, Ordnungsaufgaben

25. Ordnen Sie folgende Aussagen den Analysearten richtig zu. (6 Punkte)

Aussagen	Analysearten	
a) Prozessabläufe werden untersucht.	Benchmarking	
b) Betriebe werden miteinander verglichen.	Workflowanalyse	
c) Es wird geprüft, ob ein Produkt auf dem Markt ankommt.	REFA	
d) Gleichartige Vorgänge werden möglichst zusammengefasst.	Schwachstellenanalyse	
e) Zeitstudien dienen rationelleren Prozessen.	Machbarkeitsanalyse	
f) Mängel und deren Ursachen werden ermittelt.		

26. Ordnen Sie folgende Teilaufgaben den Abteilungen richtig zu (5 Punkte)

Teilaufgaben	Abteilungen	
a) Kundenberatung über Auftragsregelung	Rechnungswesen	
b) Kundengespräch über Änderung Bankverbindung	Revision	
c) Kundenbefragung allgemein	Marketing	
d) Kundendaten im Auftragssystem erfassen	Vertrieb	
e) Kundenzahlungen und Lagerabgänge überprüfen	Arbeitsvorbereitung	

27. Ordnen Sie die Symbole für EPKs auf der Abbildung den richtigen Begriffen zu. (4 Punkte)
(Schreiben Sie den Buchstaben neben das Symbol.)

a) Prozesswegweiser
b) Ereignis
c) Funktion
d) Organisationseinheit
e) Oder-Verknüpfung
f) Exklusiv-Oder-Verknüpfung
k) Informationsobjekt

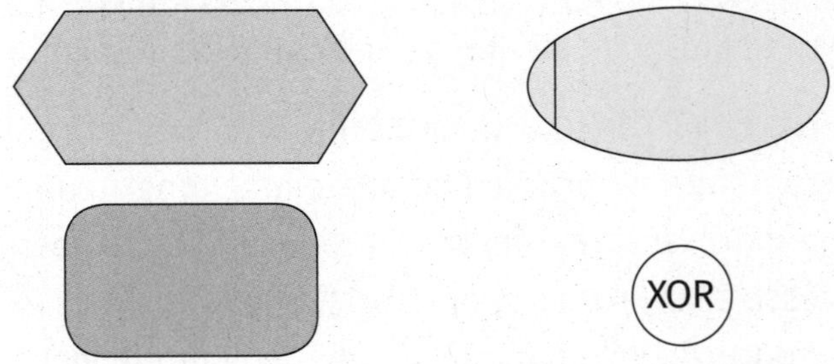

28. Was ist bei der Erstellung von EPKs erlaubt? (Bitte ankreuzen!) (6 Punkte)

a) EPKs beginnen und enden mit einem Ereignis.
b) Einem Ereignis kann eine XOR folgen.
c) Eine Kontrollflusslinie wird von der Organisationseinheit zum Ereignis gezogen.
d) Auf ein Ereignis folgt ein Ereignis.
e) Auf eine Funktion folgt eine Funktion.
f) Auf ein Ereignis folgt ein Prozesswegweiser.

29. Ordnen Sie die folgenden Arbeitsgänge sachlogisch in die richtige Reihenfolge. (6 Punkte)

a) eingehende Angebote überwachen
b) Bestellung an den ausgewählten Lieferanten versenden
c) Anfragen an verschiedene Lieferanten versenden
d) Angebotsvergleich durchführen
e) mögliche Lieferanten über Internet oder Branchenbücher auswählen
f) günstigsten Lieferanten auswählen

Reihenfolge						

30. Sie haben bei der Analyse des Beschaffungsprozesses folgende Tätigkeiten festgestellt. Ordnen Sie die Tätigkeiten sachlogisch und zeitlich in der richtigen Reihenfolge. (5 Punkte)

a) Bestellverfolgung
b) Wareneingang
c) Lieferantenauswahl
d) Bestellung
e) Beschaffungsplanung

Reihenfolge					

31. Was könnte das Schaubild darstellen? (Bitte ankreuzen!) 6 Punkte)

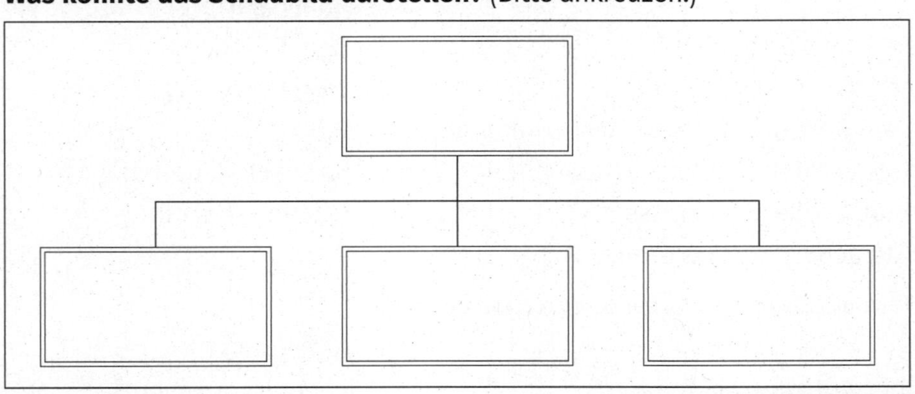

a) Netzplan
b) EPK
c) Funktionsbaum
d) Wertschöpfungsdiagramm
e) Vorgangskettendiagramm
f) Flussdiagramm

2.2.3 Antwortaufgaben, freie Aufgaben, Rechenaufgaben

32. In der folgenden Übersicht wurde eine Prozesskette unvollständig dargestellt (20 Punkte)

a) Versehen Sie die Prozessangaben mit den für EPK eingesetzten Formen (Shapes) und Pfeilen. (12/2 Punkte und max. 14/2 Punkte)

b) Bezeichnen Sie die Konnektoren korrekt. (3 Punkte)

c) Geben Sie eine passende Bezeichnung für die Prozesskette an. (2 Punkte)

d) Geben Sie die Position an, an der sich der Teilprozess „Ankündigung gerichtliches Mahnverfahren“ anschließen müsste. (2 Punkte)

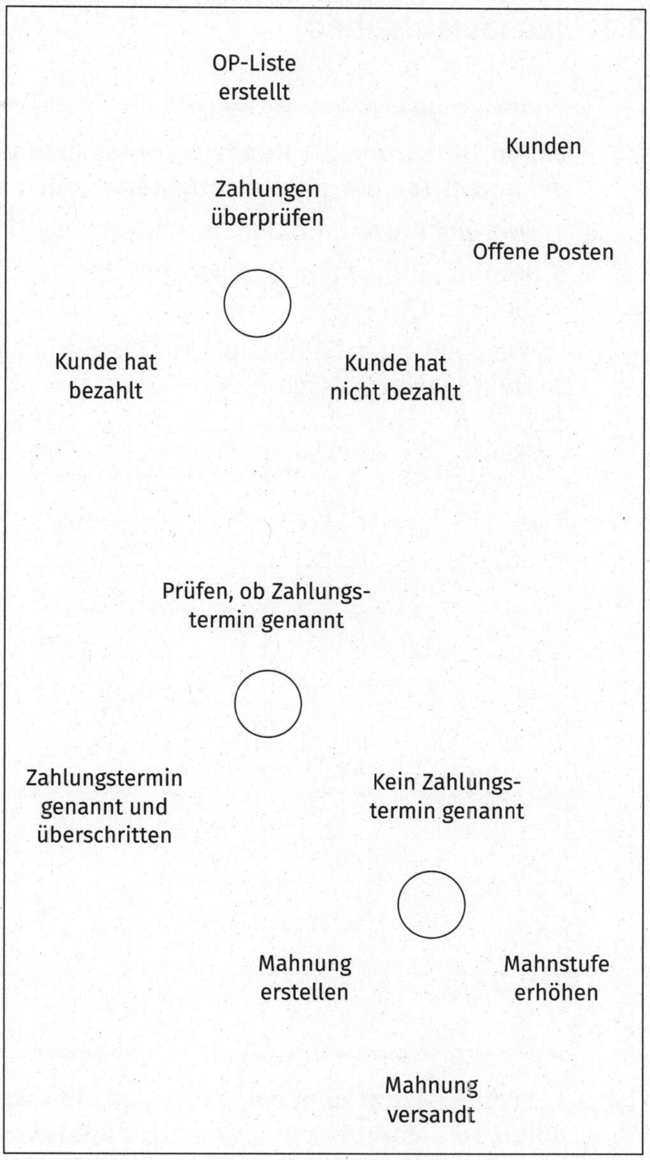

33. Erstellen Sie auf Papier oder mit dem PC nach folgender Vorgangsliste einen Netzplan (Beginn bei 0, abends) mit FAZ, SAZ, FEZ, SEZ und GP. (8 Punkte für die korrekten Angaben zu den Vorgängen, 9 Punkte für die richtige Zuordnung der Pfeile, 1 Punkt für die korrekte Markierung des kritischen Pfades) (18 Punkte)

Vorgangsliste Softwareumstellung			
VNr.	**Vorgangsbezeichnung**	**Dauer**	**Nachfolger**
1	Projektbeginn	1	2
2	Datenübername	10	3, 4
3	Schulung Mitarbeiter Nord	3	4, 5
4	Schulung Mitarbeiter Süd	3	6
5	Paralleltest Nord ausführlich	20	7
6	Paralleltest Süd reduziert	5	7
7	Umstellung Nord und Süd	2	8
8	Erfahrungsberichte erstellen	4	

3 Markt- und Kundenbeziehungen – (Kapitel 3.1 bis 3.13)

3.1 Vorlagen und Zusatzaufgaben

3.1.1 Zusatzaufgaben

K 3.2

3.1 Zur Verbesserung der Kundenzufriedenheit wurde eine Kundenbefragung durchgeführt. Werten Sie die Antworten der zehn wichtigsten Kunden nach folgenden Kriterien aus:

a) Wie viel Prozent im Durchschnitt der vier Einzelbewertungen haben gut und besser bewertet?

b) Wie viel Prozent im Durchschnitt der vier Einzelbewertungen haben ausreichend und schlechter bewertet?

c) Welche Durchschnittsnote für die Berücksichtigung ökologischer Aspekte (ÖKO) in den Produkten wurde vergeben?

Kunde	Funktion	Leistung	ÖKO	Preis	
A	2	3	4	2	
B	2	2	3	1	
C	4	4	5	4	
D	1	1	4	2	
E	2	1	3	2	
F	3	2	3	3	
G	2	1	5	3	
H	2	2	3	1	
I	2	2	5	3	
J	2	2	4	2	

K 3.2

3.2 ACI will Auskunft über seine Position auf dem Softwaremarkt der Hausverwaltungsprogramme einholen. Das Marktforschungsinstitut Intermarkt hat folgende Marktanteile ermittelt:
(Bitte jeweils ankreuzen!)

Hausverwaltungssoftware Marktanteile	
Anbieter	**Anteil**
LEXI	22,8 %
HSOFT	16,5 %
ACI	11,5 %
GRUNDI	8,2 %
HOMI	3,1 %
HAUSI	2,5 %
Sonstige	35,4 %
Gesamt	**100,0 %**

a) Welche Marktform trifft für diesen Markt zu?
- aa) Oligopol
- ab) Polypol
- ac) Verkäufermarkt
- ad) Kartell

b) Mit welcher Maßnahme könnte ACI legal die Marktführerschaft erreichen?
- ba) Preiskartell
- bb) Fusion
- bc) Outsourcing
- bd) Gebietskartell

c) Mit welchem Diagrammtyp lässt sich die Tabelle am anschaulichsten darstellen?
- ca) Liniendiagramm
- cb) Säulendiagramm
- cc) Balkendiagramm
- cd) Kreisdiagramm

K 3.2 und 3.10.4.2

3.3 Für die Entscheidungsfindung, ob ACI ein Programm Supra oder ein Programm Massa vermarkten soll, sollen Sie eine Entscheidungsmatrix aufstellen, um jeweils den Gesamtnutzen zu ermitteln.

Das Programm Supra ist bisher erst ausreichend am Markt vertreten. Das Programm Massa ist bereits gut eingeführt. Eine gute Gewinnaussicht verspricht das Programm Supra nach den Berechnungen, das Programm Massa steht hier eher eine Note schlechter da. Das Programm Supra bindet durch den größeren Funktionsumfang mehr Personal bei ACI und kann hier eher mit befriedigend bewertet werden, während das Programm Massa hier eine Note besser dasteht. Ebenso fällt die Entscheidung bei der Kapitalbindung aus, da das Programm Supra eine höhere Einstiegsinvestition für ACI bedeutet. Die Vertriebsleitung ist allerdings vom Potenzial des Programms Supra überzeugt, während das Programm Massa zwar Marktführer ist, eine wesentlich verbesserte Version von den Softwareherstellern aber nicht in Aussicht gestellt wird.

Berechnen Sie jeweils den Gesamtnutzen nach den angegebenen Punkten (Schulnoten) sowie der von ACI vorgegebenen Gewichtung der Kriterien und geben Sie dementsprechend einen Entscheidungsvorschlag. (Hinweis: 30 % = 0,3; also bei 30 % und 2 Punkten sind Gewichtete Punkte = 0,6)

Entscheidungsmatrix (Nutzwertanalyse)					
		Programm Supra		Programm Massa	
Kriterien	Gewichtung in %	Punkte (1–6)	Gewichtete Punkte	Punkte (1–6)	Gewichtete Punkte
Gewinn pro Lizenz	30				
Personalaufwand pro Lizenz	20				
Marktdurchdringung	20				
Kapitalbindung	15				
Potenzial (Möglichkeiten)					
		Gesamtnutzen:		Gesamtnutzen:	

3.1.2 Test „Marketing“ (bis Kapitel 3.6.4, siehe S. 213, Aufgabe 4)

Bewertung: ungenügend < 30 Punkte, mangelhaft < 50 Punkte, ausreichend < 67 Punkte, befriedigend < 81 Punkte, gut < 92 Punkte, sehr gut > 91 Punkte

1. Erläutern Sie kurz folgende Begriffe (je max. 2 Punkte)

a) Sekundärerhebung ____________________

b) Absatzpotenzial ____________________

c) Panel ____________________

d) Marketingmix ____________________

e) Produktportfolio ____________________

f) flaches Sortiment ____________________

g) Abschöpfungsstrategie ____________________

h) Preisführerschaft ____________________

i) Briefing ____________________

j) zyklische Werbung ____________________

k) Produktlebenszyklus ____________________

l) Cash-Cow ____________________

m) Preisdifferenzierung ____________________

2. Geben Sie jeweils zwei Beispiele an. (je max. 2 Punkte)

a) Primärerhebung ______

b) Produktgestaltung ______

c) Produktdifferenzierung ______

d) Produktvariation ______

e) Werbeträger ______

f) Werbemittel ______

g) suggestive Werbung ______

h) Sammelwerbung ______

i) Außendienstpromotion ______

j) Kultursponsoring ______

k) ?-Produkte ______

l) Werbegrundsätze ______

m) Corporate Identity ______

3. In welcher Phase des Produktlebenszyklus befindet sich ein Produkt, wenn Absatz und Umsatz den Höhepunkt anstreben? (Bitte ankreuzen!) (2 Punkte)

a) Abstiegsphase

b) Einführungsphase

c) Sättigungsphase

d) Wachstumsphase

e) Reifephase

4. Im Produktportfolio von ACI sind folgende Produkte von 1 bis 7 im Markt positioniert.

a) Beschreiben Sie kurz die Position der Produkte im Markt. (7 Punkte)

b) Schlagen Sie aufgrund der Position eine geeignete Marketingmaßnahme vor. (7 Punkte)

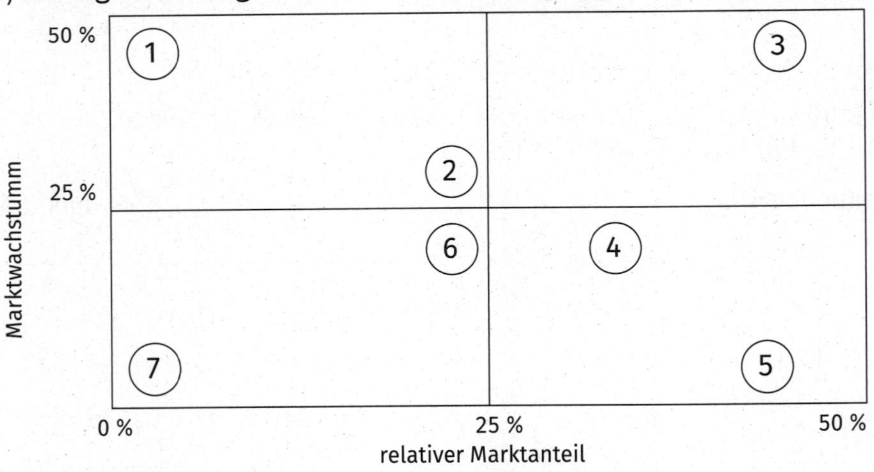

Position/Produktart **geeignete Marketingmaßnahme**

(1) ______

(2) ______

(3) ______

(4) ______

(5) ______

(6) ______

(7) ______

5. Unser Unternehmen hat recycelte Metalle über den Schrotthandel verkauft: (4 Punkte)

1. Quartal: 200 kg je 60,00 €/kg
2. Quartal: 150 kg je 70,00 €/kg
3. Quartal: 320 kg je 80,00 €/kg
4. Quartal: 400 kg je 90,00 €/kg

Berechnen Sie den gewogenen Durchschnittspreis per kg des Jahres.

6. Sie sind im Vertrieb beschäftigt und sollen Aussagen über den Marktanteil abgeben. Folgende Statistik liegt Ihnen vor.

Umsatzvergleich Hausverwaltungssoftware						
Halbjahr	1/22	2/22	1/23	2/23	1/24	2/24
Umsatz Branche in Mio. €	20,0	26,8	21,7	29,6	24,4	32,6
Umsatz ACI in Mio. €	1,6	2,5	2,6	3,5	3,6	4,0

a) Ermitteln Sie das Halbjahr mit dem höchsten Marktanteil und berechnen Sie für dieses Halbjahr den Prozentwert. (3 Punkte)

b) Ermitteln Sie das Halbjahr mit der höchsten prozentualen Steigerung des Marktanteils und berechnen Sie den Anstieg in Prozent. (3 Punkte)

7. ACI will durch verschiedene Marketingmaßnahmen die Marktführerschaft in der Region erreichen. Ordnen Sie die Maßnahmen der richtigen Kommunikationspolitik zu. (6 Punkte)

Maßnahmen

a) Verkäufer werden angewiesen, Kunden möglichst mit Namen anzusprechen.
b) Kunden sollen per Brief über ein Software-Update informiert werden.
c) Auf einem Deko-Papp-PC im Kaufhaus wird die Hausverwaltungssoftware dargestellt.
d) Die einheitlichen Farben bei ACI sind Blau und Gelb.
e) Eine Beteiligung auf der Messe „Haus & Grund" soll neue Geschäftskontakte bringen.
f) Ein Fußballverein wirbt mit Logo und Namen des Systemhauses.

Kommunikationspolitik	
Werbung	
Product-Placement	
Sales Promotion	
Personal-Selling	
Sponsoring	
Public Relations	

8. Für eine große Computermesse sollen folgende Unterlagen in Auftrag gegeben werden: (max. 16 Punkte)

- 30000 Flyer schwarz/weiß (A4)
- 8000 Datenblätter 2-farbig, A4, beidseitig bedruckt
- 5000 Stück Auszug aus einer Fachzeitschrift, vierfarbig, vierseitig (A3 nach A4 gefaltet)

Was würde die Herstellung netto bar nach folgender Preisliste kosten?

Herstellung Flyer s/w, 1 000er			
ab 1 000	**5 000**	**10 000**	**50 000**
95,00 €	88,00 €	83,00 €	79,00 €

Seitendruck je Seite, 1 000er			
	s/w	2-farbig	4-farbig
ab 1 000	30,00 €	50,00 €	70,00 €
ab 5 000	25,00 €	45,00 €	60,00 €
ab 8 000	22,00 €	41,00 €	56,00 €
Falten 1 000er : 15,00 €			
Heften 1 000er: 22,00 €			
2 % Skonto bei Zahlung innerhalb 7 Tagen, 30 Tage netto			

Lösung mit Nebenrechnung:

3.1.3 Zusatzaufgaben

K 3.7

3.4 Ordnen Sie je eine Beschreibung richtig folgenden Absatzmittlern zu:

Handelsvertreter ☐
Kommissionär ☐
Handelsreisender ☐

a) selbstständiger Kaufmann, der gewerbsmäßig die Einlagerung und Aufbewahrung von Waren übernimmt
b) selbstständiger Kaufmann, der aufgrund eines Vertragsverhältnisses Geschäfte vermittelt oder für fremde Rechnung abschließt
c) selbstständiger Kaufmann, der gewerbsmäßig von Fall zu Fall Verträge vermittelt
d) Angestellter, der im Außendienst Geschäfte abschließt oder vermittelt
e) selbstständiger Kaufmann, der gewerbsmäßig im eigenen Namen und für fremde Rechnung die Versendung von Gütern durch Frachtführer besorgt
f) selbstständiger Kaufmann, der gewerbsmäßig in eigenem Namen und für fremde Rechnung Verträge abschließt

K 3.7

3.5 Die ACI GmbH hat ein Videoüberwachungssystem mit Online-Kontrolle entwickelt und will es bundesweit vermarkten.

a) Ermitteln Sie anhand folgender Daten, ob und bis zu welchem monatlichen Umsatzbereich der Handelsvertreter kostengünstiger als der Handelsreisende ist.

Kosten für den Handelsreisenden:	Kosten für den Handelsvertreter:
2.000,00 € Gehalt/Monat	1.000,00 € Fixum/Monat
3 % Umsatzprovision	7 % Umsatzprovision
500,00 € Spesen, monatlich	

b) Nennen Sie außer Kostenüberlegungen in bestimmten Umsatzbereichen drei Vorteile, einen Handelsreisenden einzusetzen.

K 3.8

3.6 ACI will Artikel zukünftig auch über einen eigenen Internetshop vertreiben. Welche der folgenden Argumente sprechen aus der Sicht von ACI für einen eigenen Internetshop? (Bitte ankreuzen!)

a) Der Internethandel wird von Verbrauchern positiv eingeschätzt und verstärkt genutzt.
b) Kunden sind durch die Verbrauchergesetze beim Internethandel besonders geschützt.
c) Kunden können Leistungen und Preise im Internet besser vergleichen.
d) Den hohen Anfangsinvestitionen für Technik und Marketing könnten hohe Umsätze folgen.
e) Das Internetgeschäft benötigt kein so starkes Qualitätsmanagement wie der lokale Handel.
f) Man muss die Produkte nur gegen Vorkasse oder Nachnahme anbieten.

K 3.8

3.7 Planen Sie in Gruppenarbeit Kampagnen für folgende Unternehmen/Geschäftsmodelle entlang dem Marketing-Funnel nach Vorlage in S. 234 im Schülerbuch auf Präsentationsfolien. Präsentieren und diskutieren Sie die Vorschläge.

a) Sonderverkauf Farben und Malerbedarf, bundesweit
b) Fußballbedarf-Shop, bundesweit
c) Unsere-Stadt-Portal, regional (Marketingportal)
d) Unser-Vereins-Portal, regional (Wirtschaftsbereich)
e) E-Sport + Gaming Events, regional
f) E-Sport + Gaming Technics, bundesweit
g) Event-Portal, regional
h) Freies Portal- oder Shopprojekt

K 3.8.7 und 3.8.8

3.8 Sie sollen Instrumente des Absatzmarketings einsetzen und verbessern. Ordnen Sie folgende Begriffe den Aussagen richtig zu:

1. A/B-Testing, 2. B2A/B2B/B2C, 3. Benchmarking, 4. Bounce-Rate, 5. Buyers Persona, 6. Conversion-Rate, 7. DOI, 8. DXP, 9. Inbound-Marketing, 10. Landing Pages, 11. Marketing-Automation, 12. Marketing-Funnel, 13. Marketingmix, 14. multivariates Testing, 15. Online-Marketplace, 16. Organic Advertising, 17. Outbound-Marketing, 18. ROAS, 19. SEA, 20. SEO, 21. Targeting, 22. virales Marketing

Aussagen	Begriffe
a) Absatzmarketingmaßnahmen werden optimal kombiniert.	
b) Vergleiche der Marktteilnehmer, insbesondere mit den Besten	
c) Kommunikations- und Geschäftsbeziehungen	
d) Portal, über das Anbieter und Kunden digital Kaufabschlüsse tätigen	
e) Konkret für Produkte Werbung schalten und Kunden zum Kauf animieren	
f) Beim Kunden allgemein Interesse wecken und ihn zum Anbieter locken	
g) Tätigkeitsbereich und Maßnahmen zur Suchmaschinenoptimierung	
h) Kunden werden gezielt online beworben, Zielgruppenansprache	
i) Verhältnis von Abschlüssen/Handlungen zu Besuchen der Website	
j) Spezielle Webseiten für einen Marketingzweck	
k) In Netzwerken teilen Menschen Werbenachrichten	
l) Suchmaschinengesteuerte Werbung	
m) Zielgruppendefinierung im Online-Marketing	
n) Pfad oder Durchlauf der Kunden bis Kauf und Bindung	
o) IT-gesteuerte Kundenbetreuung im Online-Marketing	
p) Kostenlose Werbung aufgrund von SEO-optimierten Webseiten	
q) Digitale Plattform, die Kunden Kauferlebnisse vermittelt	
r) Zielgruppenvergleich zweier Varianten	
s) Es wird festgestellt, welche Webseitenmerkmale benutzerfreundlich sind.	
t) Angabe, wie viel Webseitenbesucher diese Seite als Ausstieg nutzten	
u) (Umsatz – Betriebsausgaben)/Werbeausgaben · 100	
v) Zusätzliche Bestätigung per Linkbestätigung in einer Antwortmail	

K 3.8.6 und 3.8.7

3.9 Ordnen Sie die Überschriften in der folgenden Tabelle richtig zu und geben Sie konkret Beispiele für die darunter aufgeführten Instrumente/Maßnahmen in Stichworten an (bei Bedarf die Ergebnisse auf Folien digital aufbereiten).

Überschriften:

1. Analysen der Instrumente im Online-Marketing
2. Analyseverfahren zur Produkt- und Leistungsoptimierung
3. Einsatz von Bezahlmodellen im Online-Marketing
4. Instrumente der Marktbeobachtung und -analyse
5. Instrumente des Absatzmarketings
6. Maßnahmen zur Digitalisierung im Marketing
7. Maßnahmen zur Erlössteigerung
8. Online-Marketingmaßnahmen planen
9. Vertriebswege bzw. Distributionskanäle einrichten

Instrumente/Maßnahmen im Absatzmarketing und Hinweise/Vorschläge zur Umsetzung in Stichworten:

Überschrift:	
Marktbeobachtung	
Marktanalyse	
Wettbewerbsbeobachtung	
Trendforschung	
Überschrift:	
Produkt- und Sortimentspolitik	
Distributionspolitik	
Preis- und Konditionenpolitik	
Kommunikationspolitik	
Überschrift:	
Portfolioanalyse	
Lebenszyklusmodell	
SWOT-Analyse	

Überschrift:	
direkt	
indirekt	
Click & Collect	
Überschrift:	
Social-Media-Marketing	
virales Marketing	
Verkaufskampagnen	
Automatisierung	
Überschrift:	
Cross-Selling	
Up-Selling	
After-Sales	
Überschrift:	
Pay per Link/Pay per Click	
Pay per Lead/per Sign-Up	
Pay per Sale	
Überschrift:	
Performance-Kennzahlen KPI	
rechtliche Anforderungen	
Überschrift:	
Onlinemarktforschung	
ganzheitliche Digitalisierung	
digitale Tools einsetzen	

K 3.9.7 und 3.9.10

3.10 Bearbeiten Sie die folgenden Teilaufgaben:

a) Kreuzen Sie an, welche Spaltenbegriffe zu folgenden Aussagen passen.

b) Erläutern Sie im Gespräch die verschiedenen Begriffe anhand von Beispielen.

c) Ergänzen Sie weitere Begriffe aus dem Bereich der Finanzierung und des Leasings, fragen Sie alle Begriffe durch die Kugellagermethode ab (paarweise Aufstellung in zwei Kreisen mit Innen-/Außenkreis, Innenkreisperson fragt, Außenkreis antwortet; Innenkreis dreht sich um eine Person im Uhrzeigersinn).

	Operating Leasing	Financial Leasing	Amortisation	Factoring	Eigentumsvorbehalt	Sicherungsübereignung	Zession	Beweisumkehr	
Mietlaufzeit langfristig und Kündigung unflexibel/fest									
Verbraucher müssen Mangelherkunft ein Jahr nicht nachweisen									
Kreditgeber wird Eigentümer der Sache, Kreditnehmer Besitzer									
Kredit oder Kosten eines Vermögenswerts tilgen/einbringen									
Mietlaufzeit kürzer und Kündigungsregelung sind flexibel									
Kreditnehmer tritt Forderungen an Kreditgeber ab									
Rechnungen/Forderungen an eine Gesellschaft verkaufen									
Kreditgeber wird Eigentümer, Kunde nur Besitzer der Sache									
Gelieferte Ware kann bis zur Bezahlung zurückgefordert werden									

K 3.9.5.5

3.11 ACI will im Bereich der Hausverwaltungssoftware den After Sales Bereich weiter ausbauen. Welche der folgenden Maßnahmen würde diesen Bereich unterstützen? (Bitte ankreuzen!)

a) Akquirierung neuer Kunden per Preisausschreiben

b) Schulung neuer Kunden im Rahmen der Vertragsbedingungen

c) Gewinnung neuer Kunden über Partnerprogramme oder Affiliate Marketing

d) Vertrieb farbiger Formularsätze und Übersichtsmappen

e) Gute Kunden werden regelmäßig zu Incentive-Reisen eingeladen.

K 3.9.7

3.12 Bei ACI sollen verschiedene Finanzierungsalternativen für die Neubeschaffung der Firmenfahrzeuge diskutiert werden. Geben Sie mit <u>ja</u> oder <u>nein</u> jeweils an, ob folgende Sachverhalte zutreffen:

Sachverhalte	Kauf aus eigenen Mitteln	Kreditkauf	Leasing
Eigenkapitalquote sinkt			
Liquidität sinkt			
Umsatzsteuer kann als Kosten angesetzt werden			
Bilanzierung der Fahrzeuge			

K 3.9.7 und 4.3.4

3.13 ACI plant die Finanzierung einer neuen Zweigstelle. Als Mitglied der Projektgruppe sind Sie in die Finanzierungsplanung eingebunden. Die benötigte Investitionssumme beträgt 400.000,00 €. Die Finanzierung erfolgt durch das Darlehen einer Bank, das durch eine Grundschuld abgesichert werden soll. Die Konditionen der Bank lauten:

- 2 % Bearbeitungsgebühr zzgl. eines Disagios (Abgeld/Abschlag) von 5 %, die bei Auszahlung des Kredits einbehalten werden
- 4 % Zinsen p. a.
- 2 tilgungsfreie Jahre

Soll — GuV ACI 31.12.20xx — Haben

Soll		Haben	
Aufwendungen Waren	720.000,00 €	Umsatzerlöse	1.800.000,00 €
Personalaufwendungen	550.000,00 €	Mieterträge	120.000,00 €
Abschreibungen	50.000,00 €		
Sonstige betriebliche Aufwendungen	360.000,00 €		
Zinsaufwendungen	60.000,00 €		
Jahresüberschuss	180.000,00 €		
Summe	1.920.000,00 €		1.920.000,00 €

Aktiva — Bilanz ACI 31.12.20xx — Passiva

Aktiva		Passiva	
Anlagevermögen		**Eigenkapital**	
Grundstücke und Gebäude	1.250.000,00 €	I. Gezeichnetes Kapital	750.000,00 €
Betriebs- und Geschäftsausstattung	383.000,00 €	II. Rücklagen	200.000,00 €
Fuhrpark	130.000,00 €	III. Jahresüberschuss	180.000,00 €
Umlaufvermögen		**Verbindlichkeiten**	
Vorräte	160.000,00 €	Grundschulden	550.000,00 €
Forderungen a. LL	185.000,00 €	Darlehensschulden	300.000,00 €
Bankguthaben	117.000,00 €	Verbindlichkeiten a. LL	290.000,00 €
Kassenbestand	45.000,00 €		
Summe Aktiva	2.270.000,00 €	Summe Passiva	2.270.000,00 €

Folgende Angaben sollen ermittelt und beurteilt werden:

a) Ermitteln Sie die notwendige Darlehenssumme auf ganze Euro gerundet.

b) Ermitteln Sie die Zinsen für die ersten beiden Jahre, wenn ein Darlehen von 450.000,00 € aufgenommen werden soll.

c) Ermitteln Sie den Rohgewinn und das Betriebsergebnis und geben Sie eine kurze Beurteilung ab, ob die Investition zu einem Liquiditätsengpass führen könnte.

d) Kann der Zinssatz von der Bank gewährt werden, wenn eine Beleihungsgrenze des Grundstücks von 76 % nicht unterschritten werden darf?

e) Berechnen Sie folgende Kennzahlen und nehmen Sie kurz Stellung:

e1) Cash Flow

e2) Eigenkapitalquote in %

e3) Eigenkapitalrentabilität in %

e4) Umsatzrentabilität in %

e5) Anlagendeckung II in %

e6) Liquidität I in %

e7) Kundenzahlungsverhalten (Zahlungsdauer) in Tagen

f) Zur Verbesserung der Kreditwürdigkeit möchte ACI die Eigenkapitalbasis stärken. Nennen Sie drei Möglichkeiten.

K 3.9.7.3 und 3.9.9.3

3.14 ACI will einem Kunden eine IP-Telefonanlage zum Angebotspreis (netto) von 12.000,00 € zum Kauf oder zum Leasing anbieten. Die Anlage soll fünf Jahre genutzt werden. Für das Beratungsgespräch sollen die beiden Alternativen gegenüberstellt werden.

Von dem Finanzunternehmen Leasa AG, mit dem ACI zusammenarbeitet, liegen folgende Angebote vor:

Darlehensfinanzierung:

- Anfängliche Tilgung zum Jahresende: 20 % (Tilgungssatz des ersten Jahres); Hinweis: Die jährliche Kreditrate (Zins + Tilgung) zum Jahresende bleibt in den ersten 4 Jahren gleich. Durch die jährlich geringer werdenden Zinsen erhöht sich die Tilgung.
- Zinsen: 6 % p. a.
- Im fünften Jahr entspricht die Kreditrate der Restwerttilgung und den Zinsen.

Leasing:

- Laufzeit: 5 Jahre
- Leasingsonderzahlung zu Anfang: 2.000,00 €
- Monatliche Leasingrate: 250,00 €

a) Erstellen Sie den Tilgungsplan entsprechend der folgenden Tabelle.

Jahr	Darlehen in €	Tilgung in €	Zinsen in €	Kreditrate
1				
2				
3				
4				
5				

b) Ermitteln Sie die Gesamtkosten der Darlehensfinanzierung.

c) Ermitteln Sie die Gesamtkosten der Investition.

Wie hoch sind die Gesamtkosten für die Alternative Leasing?

d) Nennen Sie Vor- und Nachteile für die beiden Alternativen

Alternativen	Darlehensfinanzierung	Leasing
Vorteile		

Alternativen	Darlehensfinanzierung	Leasing
Nachteile		

e) Entscheiden Sie sich für eine Finanzierungsart und begründen Sie diese Entscheidung.

____

____

K 3.9.7.3 und 3.9.9.3

3.15 ACI will für einen Kunden die Finanzierung von PCs im Gesamtwert von 18.000,00 € tabellarisch gegenüberstellen, wobei Fälligkeitsdarlehen und Ratendarlehen verglichen werden sollen.

- Nominalzins jeweils 5,5 % p. a., Laufzeit 3 Jahre
- Fälligkeitsdarlehen: Tilgung am Ende der Laufzeit in einem Betrag
- Ratendarlehen: Tilgung in gleich bleibenden Raten jeweils zum Jahresende

a) Vergleichen Sie die folgenden Varianten:

Fälligkeitsdarlehen

Jahr	Schuld Anfang des Jahres	Tilgung	Zinsen 5,5 % p. a.	Jährliche Kreditrate	Schuld am Ende des Jahres
1					
2					
3					
		gesamt			

Ratendarlehen

Jahr	Schuld Anfang des Jahres	Tilgung	Zinsen 5,5 % p. a.	Jährliche Kreditrate	Schuld am Ende des Jahres
1					
2					
3					
		gesamt			

b) Die finanzierende Bank wird möglicherweise die Absicherung des Darlehens durch Realsicherheiten (dingliche Haftung) erwarten. Welche Möglichkeiten werden diskutiert?

____

____

____

c) Die finanzierende Bank verlangt vom Kunden eine Absicherung des Darlehens in Form einer Zession. Der Kunde wünscht eine stille Zession. Erläutern Sie diese Formen der Absicherung.

K 3.9.2 und 3.10.2.2

3.16 Sie sollen für eine Arbeitssitzung der Vertriebsabteilung die Kundenanalyse durchführen. Aus der Umsatzstatistik haben Sie die 457 Kunden von ACI in drei Gruppen eingeteilt und die Gesamtumsätze je Gruppe festgestellt. Sie wollen nun weitere Auswertungen durchführen und Stellung beziehen.

a) Ermitteln Sie in der Tabelle die prozentualen Anteile und den durchschnittlichen Umsatz je Kunde in jeder Kundengruppe.

Kunden-Umsatz-Analyse – ABC-Analyse

Gruppe	Kunden	Anteil in %	Umsatz in €	Anteil in %	Umsatz/Kunde
A	96		6.300.000,00		
B	158		1.820.000,00		
C	203		460.000,00		
	457		8.580.000,00		

b) Beschreiben Sie mit Worten die Ergebnisse der Kunden-Umsatz-Analyse und nennen Sie die Ziele der ABC-Analyse.

c) Schlagen Sie Maßnahmen vor, die speziell für A- B- oder C-Kunden zur Verbesserung des Vertriebsergebnisses und der Kostensituation beitragen.

d) Privatkunden, Unternehmen und Behörden stellen ähnliche, aber auch unterschiedliche Anforderungen an ACI. Nennen Sie zehn Anforderungen an ACI, die von allen Kunden gestellt werden, und drei Kriterien, worauf insbesondere Privatkunden, Unternehmen oder Behörden achten.

e) Sie wollen den Einsatz eines Key-Account-Managers prüfen. Welche Aufgaben hat dieser Manager und welche Ziele verfolgt er?

K 3.9.9.3

3.17 Ermitteln Sie rechnerisch, ob Kreditfinanzierung oder Leasing für das Anlagegut von 40.000,00 € inklusive Umsatzsteuer günstiger ist:

a) Kredit: bei 8,0 % p. a. (jährlich nachträglich), 4 Jahre Laufzeit, 100 % Auszahlung, Tilgung Ende der Laufzeit

b) Leasing: monatliche Rate 3 % vom Brutto-Kaufpreis, Laufzeit 4 Jahre, kalkulierter Restwert 3.000,00 €

K 3.10

3.18 Ein Lieferant bietet Ihnen an, Ihrem Ausbildungsbetrieb einen Leiharbeiter zur Verfügung zu stellen, der sonst Personalkosten von 2.600,00 € verursachen würde. Der Lieferant verlangt dafür einen Aufschlag von 2,5 % auf den monatlichen Nettobestellwert. Bis zu welchem Bestellwert lohnt es sich, das Angebot anzunehmen?

K 3.10.2.2

3.19 Sie haben einem Kunden ein Lagerhaltungsprogramm eingerichtet, das die ABC-Analyse ermöglicht. Anhand des Schaubildes wollen Sie dem Kunden den Vorteil der ABC-Analyse erläutern.

a) Was versteht man unter A-, B- und C-Artikeln?

b) Welche Artikel sollten aus Kostengründen eher zentral und welche dezentral gelagert werden?

c) Welche weiteren Maßnahmen (max. drei nennen) sind betriebswirtschaftlich bei A-Artikeln besonders sinnvoll?

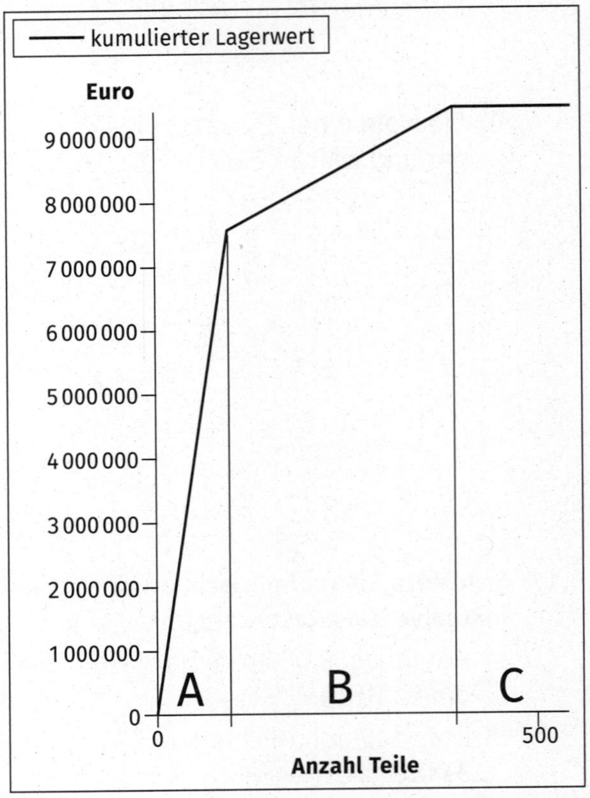

K 3.10.2.3

3.20 Sie sollen in einem Programm die Formel für die Berechnung des Meldebestands berücksichtigen. Welche der folgenden Formeln müssen Sie auswählen? (Bitte ankreuzen!)

a) Höchstbestand + Tagesabsatz – Mindestbestand ☐
b) Tagesabsatz · Lieferzeit + Mindestbestand ☐
c) Höchstbestand · Lieferzeit – Mindestbestand ☐
d) Mindestbestand – Höchstbestand + Tagesabsatz ☐
e) Tagesabsatz · Lieferzeit – Mindestbestand ☐

3.1.4 Vorlagen

K 3.10.2.3

Vorlage für Aufgabe 2a (S. 291)

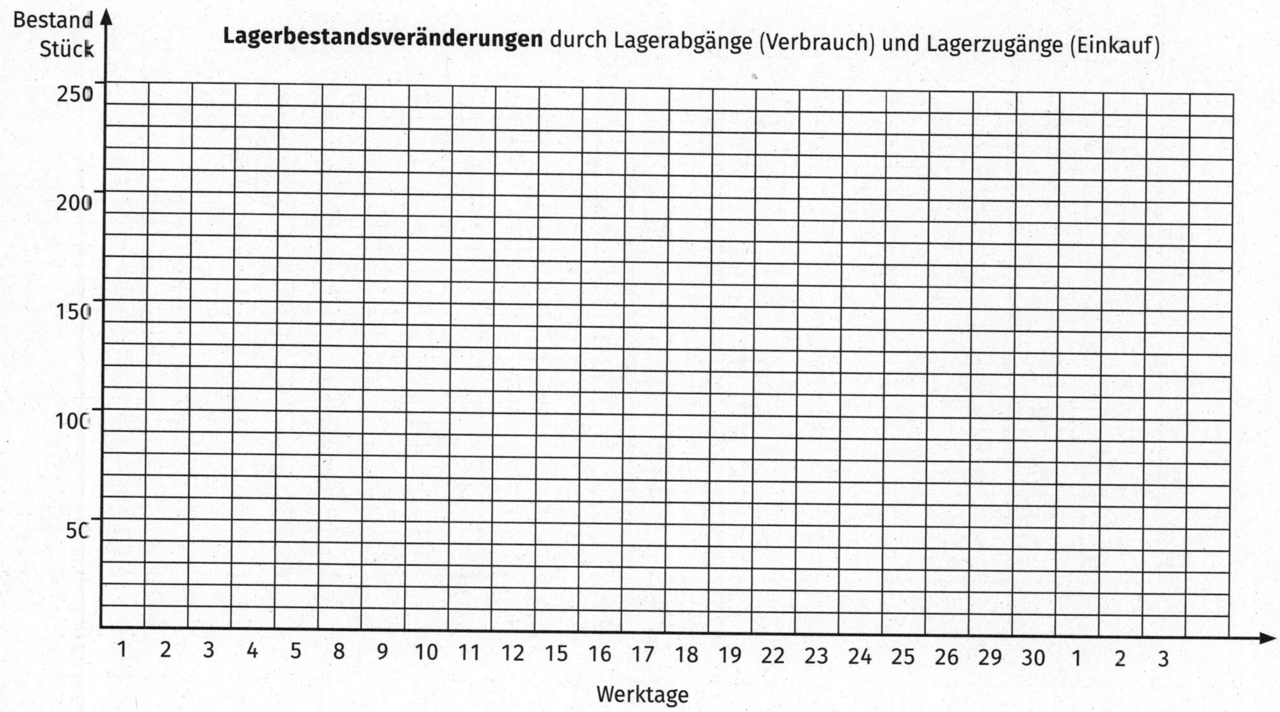

K 3.10.2.3

Vorlage für Aufgabe 2b (S. 291)

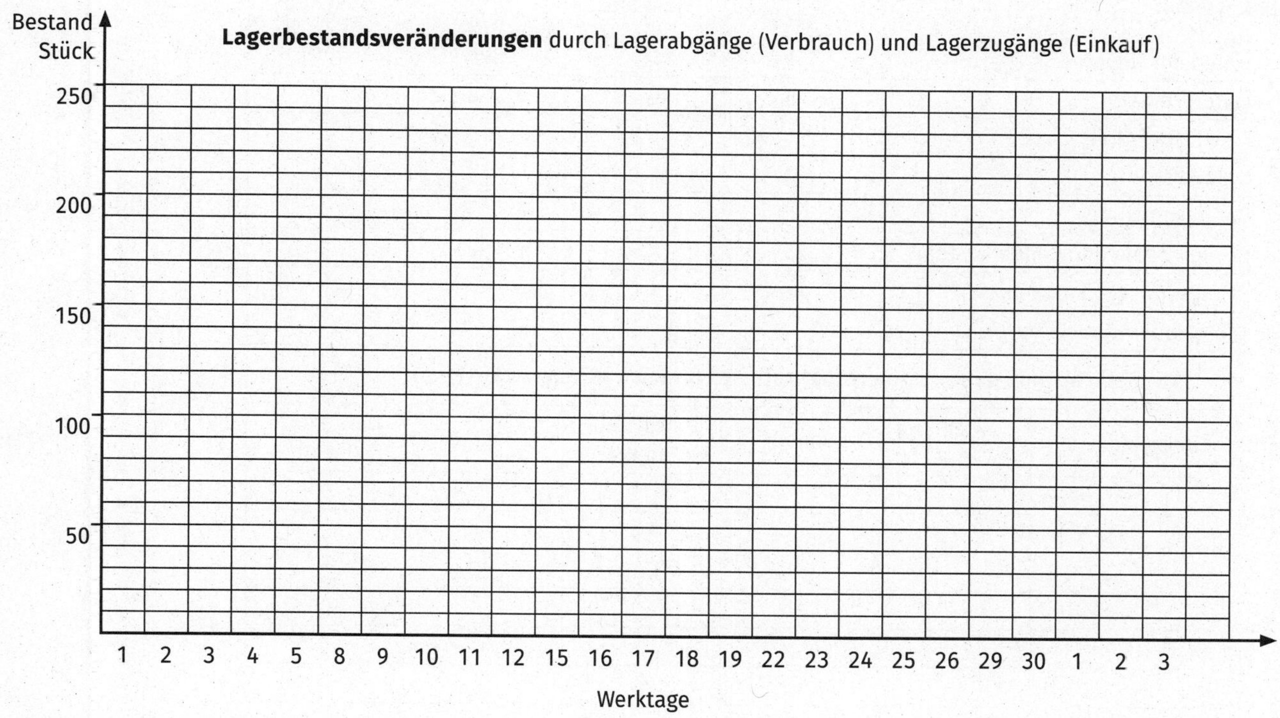

K 3.10.2.3

Vorlage für Aufgabe 2c (S. 291)

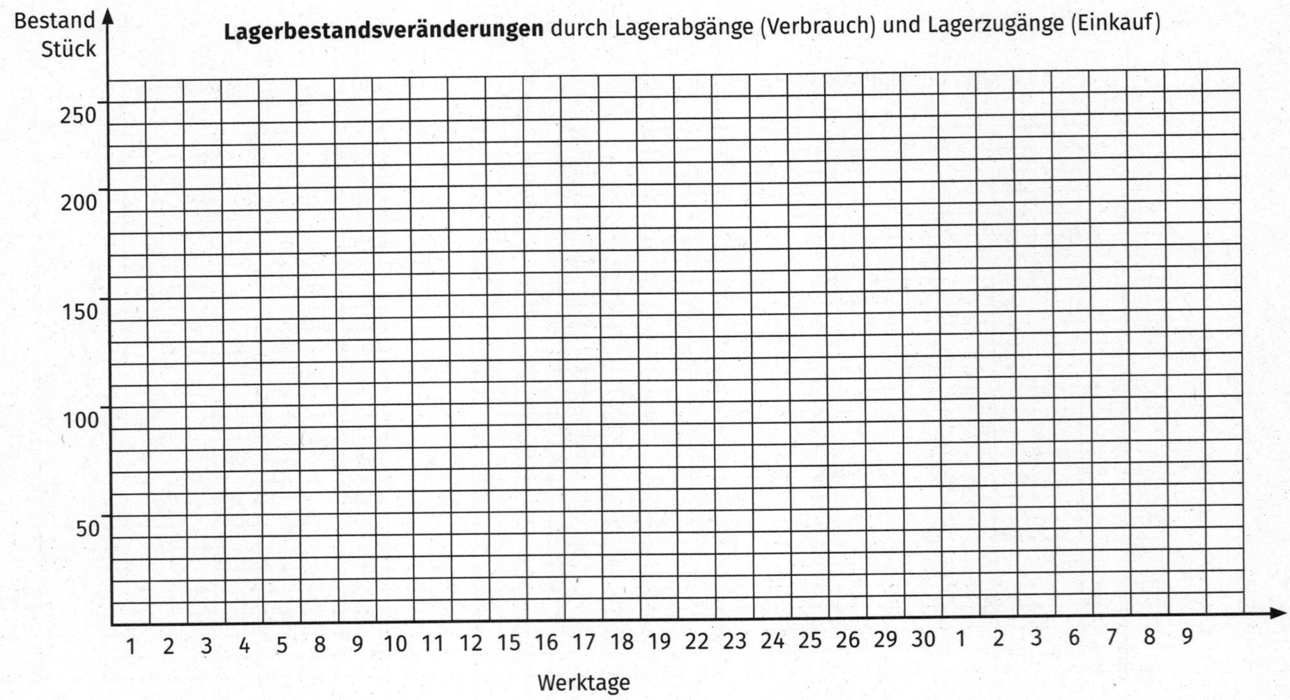

K 3.10.4.1 und 3.10.4.2

Vorlage für Aufgabe 1 (S. 298) und Aufgabe 3 (S. 299)

Lieferer		**Anders-Drucker**		**Digidrucker**	
Kalkulation		**Eingabe %/€**	**Ausgabe**	**Eingabe %/€**	**Ausgabe**
Listeneinkaufspreis		564		594	
– Liefererrabatt		5		8	
= Zieleinkaufspreis					
– Liefererskonto		2		3	
= Bareinkaufspreis					
+ Bezugskosten und Sonderkosten		25		20	
= Bezugspreis (Einstandspreis)					
Rangfolge quantitativer Vergleich					
Bewertung: quantitativer/qualitativer Vergleich (Nutzwertanalyse)					
Entscheidungskriterien	Gewichtung in %	Punkte	Gewichtete Punkte	Punkte	Gewichtete Punkte

Hinweis: Nutzwertanalyse zunächst nicht bearbeiten.

K 3.10.4.1

Vorlage für Aufgabe 2 (S. 298)

Quantitativer und qualitativer Angebotsvergleich						
	Computex		Funny-PC		PC-Versand	
Kalkulation	**Eingabe %/€**	**Ausgabe**	**Eingabe %/€**	**Ausgabe**	**Eingabe %/€**	**Ausgabe**
Listeneinkaufspreis						
– Liefererrabatt						
= Zieleinkaufspreis						
– Liefererskonto						
= Bareinkaufspreis						
+ Bezugskosten						
= Bezugspreis (Einstandspreis)						
Rangfolge quantitativer Vergleich						

K 3.10.4.1 und 3.10.4.2

Vorlage für Aufgabe 3 (S. 299) und Aufgabe 4 (S. 300 f.)

Quantitativer und qualitativer Angebotsvergleich							
		werbetassen.com		mega-print.de		tassen-plus.de	
Kalkulation		**Eingabe %/€**	**Ausgabe**	**Eingabe %/€**	**Ausgabe**	**Eingabe %/€**	**Ausgabe**
Listeneinkaufspreis							
– Liefererrabatt							
= Zieleinkaufspreis							
– Liefererskonto							
= Bareinkaufspreis							
+ Bezugskosten und Sonderkosten							
= Bezugspreis (Einstandspreis)							
Bewertung: quantitativer/qualitativer Vergleich							
Entscheidungskriterien	Gewichtung in %	Punkte	Gewichtete Punkte	Punkte	Gewichtete Punkte	Punkte	Gewichtete Punkte

K 3.10.4.2

Vorlage für Aufgabe 5 (S. 301)

Bewertung Eigenentwicklung/Fremdbezug für das Archivierungsmodul der Software für Hausverwaltung					
Kriterien	**Gewichtung**	**Eigenentwicklung**		**Fremdbezug**	
		Punkte	**Gewichtung x Punkte**	**Punkte**	**Gewichtung x Punkte**
Preis bzw. Kosten	30	5		10	
Schnelligkeit der Realisierung	20	5		10	
Softwareumfang anforderungsgerecht	20	10		5	
Anpassungsfähigkeit	10	10		5	
Kontinuierliche Weiterentwicklung	8	3		5	
Qualität/Professionalität der Software	5	5		10	
Eigene Kapazitäten werden ausgelastet	5	10		0	
Unabhängigkeit	2	5		2	
Summe					

K 3.10.6.3

Vorlage für Aufgabe 5 (S. 309)

Lagerkennzahlen Warenlager im Vergleich							
Kennzahlen	**Jahr 1**	**Jahr 2**	**Veränderung in %**	**Jahr 3**	**Veränderung in %**	**Jahr 4**	**Veränderung in %**
	31. Dez	**31. Dez**		**31. Dez**		**31. Dez**	
	130.000,00 €	140.000,00 €		160.000,00 €		168.000,00 €	
	4.300.000,00 €	4.300.000,00 €		4.500.000,00 €		4.500.000,00 €	
	80.000,00 €	126.000,00 €		180.000,00 €		175.000,00 €	
Lagerumschlaghäufigkeit							

3.1.5 Zusatzaufgaben

K 3.10.4

3.21 Sie sollen unter Verwendung eines Tabellenkalkulationsprogramms ausrechnen, welcher Lieferant das günstigste Barangebot (netto) für die Komplettinstallation unterbreitet hat, und die Bezugspreise angeben.

	Lieferant A	**Lieferant B**	**Lieferant C**
3 x Server	6.000,00 €/Stück	6.500,00 €/Stück	5.900,00 €/Stück
48 x Workstation	320,00 €/Stück	290,00 €/Stück	340,00 €/Stück
Server-Betriebssystem	700,00 €/Installation	1.800,00 € Pauschale	550,00 €/Installation
Workstation-Betriebssystem	80,00 €/Installation	4.320,00 € Pauschale	70,00 €/Installation
Lizenz ERP je Client	200,00 €	150,00 €	180,00 €
Nachlass	8 %	5 %	7 %
Lieferkonditionen	frei Haus	400,00 € Pauschale	200,00 € Pauschale
Zahlungskonditionen	30 Tage netto, 14 Tage 3 % Skonto	30 Tage netto, 10 Tage 2 % Skonto	60 Tage netto
Bezugspreise gesamt			

K 3.10.4

3.22 Sie wollen in Ihrem Systemhaus ein Warenwirtschaftssystem anbieten und haben dazu die Systeme A bis E geprüft und nach Schulnoten bewertet. Begründen Sie, welches System nach folgender Entscheidungsmatrix angeboten werden sollte.

	Gewichtung	A		B		C		D		E	
Preis	4	1		1		2		3		2	
Funktionen	3	3		4		3		1		2	
Bekanntheitsgrad	2	2		3		3		1		2	
Kompatibilität	1	1		3		2		1		3	
Bedienung	2	3		2		1		2		1	
Gesamtbewertung											

K 3.10.4.1

3.23 Sie erhalten Angebote von fünf Lieferanten. Qualität und Menge der Ware (1 000 kg brutto für netto) sind bei allen Angeboten gleich. Welches Angebot ist am günstigsten? (Bitte ankreuzen!)

a) A liefert zu 1,00 € je kg; 2 % Skonto, frachtfrei

b) B liefert zu 0,97 € je kg; 1 % Skonto, frachtfrei

c) C liefert zu 1,10 € je kg; 10 % Rabatt, frachtfrei

d) D liefert zu 0,96 € je kg; 3,50 € Fracht je 100 kg

e) E liefert zu 0,95 € je kg; 50,00 € Fracht

K 3.10.4.1 und 4.7.4.2

3.24 Bei ACI werden auf den Listenpreis bis zu 20 % Rabatt gewährt und bei Barzahlung weitere 3 % Skonto. In welcher Reihenfolge sind die Beträge in der Rechnung zu berücksichtigen? (Bitte ankreuzen!)

a) Listenpreis + Rabatt – Skonto + Umsatzsteuer

b) Listenpreis – Rabatt + Umsatzsteuer

c) Listenpreis + Umsatzsteuer – Rabatt

d) Listenpreis – Skonto – Rabatt + Umsatzsteuer

e) Listenpreis – Rabatt – Skonto + Umsatzsteuer

K 3.11.3

3.25 Wann verjährt eine Rechnung bei folgenden Angaben:

a) Rechnungsdatum 21.06.20.. und Zahlungstermin 21.07.20.. (netto)

b) Rechnung vom 15.03.20.. wurde am 15.04.20.. einmalig angemahnt und weiterhin ist nichts geschehen.

c) Rechnung vom 15.03.2020 wurde am 15.04.2021 einmalig angemahnt und der Kunde nahm am 20.04.2024 ein Stundungsangebot an.

Datum:

a) ______________________

b) ______________________

c) ______________________

K 3.11.2

3.26 Das Schuldrecht und der Sachmangelbegriff im BGB wurden im Jahr 2022 geändert.

a) Bearbeiten Sie folgendes Material, indem Sie wichtige Passagen markieren und darüber diskutieren.

b) Geben Sie Kurzstellungnahmen zu folgenden Fällen ab. Liegt jeweils ein Sachmangel vor? Welche Rechte bestehen?

Fall	Kurzstellungnahme in Stichworten
1. Ein PC genau nach den geforderten Spezifikationen wurde geliefert, er ist jedoch nicht für das gewünschte und mitgelieferte Computerspiel geeignet.	
2. Ein PC wird ohne Verpackung übergeben (da Ausstellungstück) und ohne eine Maus als Zubehör und ohne Bedienungsanweisungen mit einfachem Kassenbon gegen Barzahlung übergeben.	
3. Ein PC vom Typ AX1 wird geliefert, obwohl der Kunde einen PC des Typs AX2 bestellte, weil dieser AX2 in einigen Spezifikationen wie vom Verkäufer herausgestellt schlechter sei.	
4. Ausstellungsstücke wurde als „Ausstellungsstücke/B-Ware“ tituliert und günstig verkauft. Informationen hätte der Kunde beim Verkäufer erfragen können (Schild am PC: Bei Beratungswunsch Verkäufer fragen!)	

Definition eines Sachmangels in § 434 BGB

(1) Die Sache ist frei von Sachmängeln, wenn sie bei Gefahrübergang den subjektiven Anforderungen, den objektiven Anforderungen und den Montageanforderungen dieser Vorschrift entspricht.

(2) Die Sache entspricht den subjektiven Anforderungen, wenn sie
1. die vereinbarte Beschaffenheit hat,
2. sich für die nach dem Vertrag vorausgesetzte Verwendung eignet und
3. mit dem vereinbarten Zubehör und den vereinbarten Anleitungen, einschließlich Montage- und Installationsanleitungen, übergeben wird.

Zu der Beschaffenheit nach Satz 1 Nummer 1 gehören Art, Menge, Qualität, Funktionalität, Kompatibilität, Interoperabilität und sonstige Merkmale der Sache, für die die Parteien Anforderungen vereinbart haben.

(3) Soweit nicht wirksam etwas anderes vereinbart wurde, entspricht die Sache den objektiven Anforderungen, wenn sie
1. sich für die gewöhnliche Verwendung eignet,
2. eine Beschaffenheit aufweist, die bei Sachen derselben Art üblich ist und die der Käufer erwarten kann unter Berücksichtigung
   a) der Art der Sache und
   b) der öffentlichen Äußerungen, die von dem Verkäufer oder einem anderen Glied der Vertragskette oder in deren Auftrag, insbesondere in der Werbung oder auf dem Etikett, abgegeben wurden,
3. der Beschaffenheit einer Probe oder eines Musters entspricht, die oder das der Verkäufer dem Käufer vor Vertragsschluss zur Verfügung gestellt hat, und
4. mit dem Zubehör einschließlich der Verpackung, der Montage- oder Installationsanleitung sowie anderen Anleitungen übergeben wird, deren Erhalt der Käufer erwarten kann.

Zu der üblichen Beschaffenheit nach Satz 1 Nummer 2 gehören Menge, Qualität und sonstige Merkmale der Sache, einschließlich ihrer Haltbarkeit, Funktionalität, Kompatibilität und Sicherheit. Der Verkäufer ist durch die in Satz 1 Nummer 2 Buchstabe b genannten öffentlichen Äußerungen nicht gebunden, wenn er sie nicht kannte und auch nicht kennen konnte, wenn die Äußerung im Zeitpunkt des Vertragsschlusses in derselben oder in gleichwertiger Weise berichtigt war oder wenn die Äußerung die Kaufentscheidung nicht beeinflussen konnte.

(4) Soweit eine Montage durchzuführen ist, entspricht die Sache den Montageanforderungen, wenn die Montage
1. sachgemäß durchgeführt worden ist oder
2. zwar unsachgemäß durchgeführt worden ist, dies jedoch weder auf einer unsachgemäßen Montage durch den Verkäufer noch auf einem Mangel in der vom Verkäufer übergebenen Anleitung beruht.

(5) Einem Sachmangel steht es gleich, wenn der Verkäufer eine andere Sache als die vertraglich geschuldete Sache liefert.

Sachmangel – Hinweise zur Beschreibung von Waren
Zu den subjektiven Bedingungen gehören: • die vereinbarte Beschaffenheit, • die nach Vertrag vorausgesetzte Verwendung sowie • die Übergabe mit vereinbartem Zubehör und Anleitungen.
Die objektiven Bedingungen sind: • die Eignung zur gewöhnlichen Verwendung, • die übliche und erwartungsgemäße Beschaffenheit, • die Übereinstimmung mit einer zur Verfügung gestellten Probe oder einem Muster sowie • die Übergabe samt Zubehör (insbesondere Verpackung und Anleitungen, ggf. zur Montage und Installation).
Vorher galt: Erfüllte die Ware die vereinbarte (subjektive) Beschaffenheit, war sie frei von Mängeln. Erst wenn die Parteien nichts weiter vereinbarten, kam es darauf an, ob die Ware sich gewöhnlich und üblich eignete. Ein einfacher Hinweis auf Fehler, Mängel oder B-Ware reichte aus. Eine pauschale Regelung in den AGB ist nicht ausreichend. Ein Stufenverhältnis von subjektiven zu objektiven Anforderungen gibt es im neuen Kaufrecht nicht mehr. Jetzt müssen alle Anforderungen gemeinsam vorliegen, (wie vorher) Montageanforderungen etc. passen.
Zur Festlegung des objektiven Standards wird empfohlen, die generellen Eigenschaften des Produkts einzeln vertraglich festzuhalten, z. B. durch Auflistung oder Negativliste von Merkmalen. Der Verbraucher muss jedes eingeschränkte Beschaffungsmerkmal bestätigen, z. B. durch einen fettgedruckten Hinweis am Ende des Bestellprozesses, der durch Klick oder Unterschrift gesondert bestätigt werden muss.

K 3.13

3.27 Sie sollen die Firewall für die DMZ ersetzen und beschaffen. Vervollständigen Sie dafür die Präferenzmatrix, legen Sie für sich eine Präferenz des Services-Kriteriums fest und ermitteln Sie die jeweiligen Gewichtungsfaktoren (kaufmännisch gerundet). Diskutieren Sie über die bereits festgelegten Präferenzen.

Präferenzmatrix: Beschaffung einer Firewall für DMZ

Zeilenweiser Vergleich mit den Spaltenkriterien	1 Preis u. ä.	2 Qualität, Spezifik.	3 Liefer-zeit	4 Service	Auswertungen: Nennungen Punkte	Rang	Gewichtung (in %, ganzzahlig)
1 Preis u. ä.		1	1				
2 Qualität u. ä.	2		1				
3 Lieferzeit	1	0					
4 Service							

Hinweise **Zeilen**kriterium: 0 = weniger, 1 = gleich, 2 = mehr wichtig

3.1.6 Vorlagen

K 3.12.2

Vorlage für Aufgabe 2 (S. 326 f.)

Zahlungsverkehr: Offene-Posten-Verwaltung

Kontoauszug: Nr. 1 Stand: 31.01.20..

Abteilung Rechnungswesen Gruppe: Debitoren-Verwaltung

Beleg-Nr.	Kunden-Nummer	Rechnungs-datum	Rechnungs-betrag	Ziel Tage	Skonto Prozent	Skonto Tage	Skonto in €	Rechnungs-betrag abzgl. Skonto	Fälligkeit netto	Fällig-keit mit Skonto	Zahldatum	Zahlungs-betrag	Restbetrag	Mahnstufe e=erledigt
5001	d44005	02.01.20..	840,90	30	3 %	7					12.01.20..	815,00		
5002	d44003	03.01.20..	1.215,30	30	3 %	7					11.01.20..	1.178,84		
5003	d44008	04.01.20..	890,70	30	3 %	8					14.01.20..	863,96		
5004	d44009	04.01.20..	4.520,50	30	3 %	7					12.01.20..	4.384,89		
5005	d44010	05.01.20..	1.500,00	30	3 %	7					12.01.20..	1.455,00		
5006	d44008	05.01.20..	12.360,00	30	3 %	8					15.01.20..	11.989,20		
5007	d44001	10.01.20..	3.400,80	30	2 %	7					17.01.20..	3.332,75		
5008	d44008	12.01.20..	2.920,00	30	3 %	8					25.01.20..	2.832,40		
5009	d44003	13.01.20..	350,70	30	3 %	7					22.01.20..	340,18		
5010	d44011	16.01.20..	3.970,10	30	3 %	7					16.01.20..	3.850,00		
5011	d44008	17.01.20..	4.100,90	30	3 %	8					25.01.20..	3.977,87		
5012	d44002	19.01.20..	3.250,45	30	3 %	7					27.01.20..	3.152,94		
5013	d44004	24.01.20..	1.800,00	30	3 %	7								
5014	d44005	25.01.20..	8.415,00	30	2 %	7								
5015	d44008	27.01.20..	980,00	30	3 %	8								
5016	d44005	30.01.20..	5.550,50	30	3 %	7								

3.2 Abschlusstest Nr. 4

Bewertung: ungenügend < 34 Punkte, mangelhaft < 56 Punkte , ausreichend < 75 Punkte , befriedigend < 91 Punkte , gut < 102 Punkte , sehr gut > 101 Punkte

3.2.1 Was ist richtig? (Bitte ankreuzen) (50 Punkte)

1. Beim direkten Absatzweg werden Absatzmittler eingesetzt.
2. Franchise ist ein Vertriebssystem, bei dem der Franchisegeber das volle Risiko des Geschäfts trägt.
3. Unter B2B versteht man die elektronischen Online-Geschäfte von Unternehmen und Verbrauchern.
4. ERP bedeutet Enterprise Resource Planning (Unternehmenssoftware).
5. Websites von Unternehmen müssen ein Impressum anzeigen.
6. Das Widerrufsrecht für Verbraucher im Fernabsatz beträgt einen Monat, wenn der Kunde nicht vor Vertragsabschluß über das Widerrufsrecht von zwei Wochen informiert wurde.
7. Der TCO versucht im Angebotsvergleich auch Folgekosten einzubeziehen.
8. Unter Migration versteht man die Anpassungs- und Steigerungsfähigkeit von Hardware.
9. In einem Lastenheft legt der Auftraggeber fest, wie und womit das Problem gelöst wird.
10. Eine Auftragsbestätigung liegt zwischen Anfrage und Angebot.
11. Bei der freihändigen Vergabe in Ausschreibungen sind Verhandlungen zugelassen.
12. Die Handlungskosten werden auf die Selbstkosten aufgeschlagen.
13. Der Kalkulationsabschlag wird auch als Handelsspanne bezeichnet.
14. An der Gewinnschwelle sind Umsatzerlöse = variable Kosten.
15. Der Deckungsbeitrag errechnet sich: Umsatz – fixe Kosten
16. Bonität bedeutet Zahlungsfähigkeit.
17. Der Kontokorrentkredit ist aus Zinssicht ein günstiger Kredit.
18. Bei einem Lombard- oder Pfandkredit wird der Kredit durch ein Pfand abgesichert.
19. Eine Zession ist ein Bürgschaftskredit, wobei ein Bürge für den Kredit mit haften muss.
20. Ein Kaufvertrag kommt nur bei genau zwei übereinstimmenden Willenserklärungen zustande.
21. Eine Anpreisung ist ein verbindliches Angebot.
22. Ohne Angaben zur Güte eines Artikels kann der Lieferant auch schlechte Qualität liefern.
23. Ein Bonus ist eine nachträgliche Rückvergütung des Preises.
24. Beim Bestimmungskauf wird eine Gattung einer Ware gekauft.
25. Bei einem Kauf auf Probe wird eine kleine Menge zum Probieren gekauft.
26. Die Gewährleistung kann bei gebrauchten Sachen auf ein Jahr verkürzt werden.
27. Unternehmer können gegenüber Unternehmen die Gewährleistung auf maximal ein Jahr verkürzen.
28. Bei Komponenten, wie Netzteilen, beträgt die Gewährleistung nur sechs Monate.
29. Beim Vollarmortisationsleasing muss der Listenpreis zum Schluss voll gezahlt werden.
30. Beim Leasing wird das Anlagegut beim Käufer bilanziert.
31. AGB sind gegenüber Verbrauchern gültig, wenn er sie öffentlich einsehen kann.
32. E-Procurement ist ein elektronisches Beschaffungssystem.
33. SCM bedeutet „Supply Chain Management".
34. Just-in-time bedeutet fertigungssynchrone Beschaffung.
35. Die optimale Bestellmenge liegt beim Maximum von Bestell- und Lagerkosten.
36. Mit der Nutzwertanalyse kann ein qualitativer Angebotsvergleich durchgeführt werden.
37. Kommissionierung bedeutet „Auftragszusammenstellung nach Lieferschein".
38. EDI bedeutet „Electronic Distance Interface".
39. FIFO bedeutet „First in First Out".

40. Je höher der Lagerbestand, desto höher die Lagerumschlagshäufigkeit.
41. Bei erheblicher Pflichtverletzung in der Lieferung und Nachfrist können Sie Schadenersatz vom Lieferanten verlangen.
42. Wenn kein Liefertermin genannt ist, kann der Lieferant sofort liefern.
43. Der Erfüllungsort ist grundsätzlich der Sitz des Käufers.
44. Der Gefahrenübergang erfolgt im zweiseitigen Handelskauf mit der Übergabe an den Frachtführer.
45. Gesetzlich muss der Kunde bei Mängeln ein zweimaliges Nachbessern oder Umtausch akzeptieren.
46. Der Käufer hat bei Gewährleistung im Reparaturfall Wege- und Materialkosten zu tragen.
47. Eine Rechnung verjährt automatisch nach zwei Jahren, wenn sie nicht angemahnt wurde.
48. Die Verjährungsfrist beginnt bei Kaufpreisforderungen mit der Ablieferung der Sache.
49. Das gerichtliche Mahnverfahren beginnt gesetzlich nach der 3. Mahnung.
50. Geldschulden sind Holschulden.

3.2.2 Auswahlaufgaben, Ordnungsaufgaben

51. Ordnen Sie die Aussagen den Absatzmittlern richtig zu. (4 Punkte)

Aussage	Absatzmittler	
a) Vom Kunden mit der Geschäftsvermittlung beauftragt	Handelsvertreter	☐
b) Vom Lieferer mit der Vermittlung beauftragt	Kommissionär	☐
c) Kauft und verkauft in eigenem Risiko	Handelsmakler	☐
d) Er bezahlt nur die Ware, die er verkauft.	Großhandel	☐

52. Wann liegt ein Qualitätsmangel vor? (Bitte ankreuzen!) (5 Punkte)

a) Gewöhnliche Verwendung ist nicht möglich
b) Vereinbarte Beschaffenheit fehlt
c) Fehlerhafte Montageanleitung
d) Fehlerhafte Montage
e) Die Sache entspricht nicht der Kennzeichnung.

3.2.3 Antwortaufgaben, freie Aufgaben, Rechenaufgaben

53. ACI will folgende Produkte in die Portfoliomatrix einordnen: (8 Punkte)

a) Bezeichnen Sie die vier Quadranten der Portfoliomatrix nach Produktgruppen (z. B. Star-Produkte).
b) Ordnen Sie folgende vier Produkte korrekt dem Produktportfolio zu, indem Sie die Produktkennungen (1) bis (4) in das Schaubild einzeichnen.

(1) Produkt, das als Neuheit sehr stark nachgefragt wird
(2) schon älteres, gut gelaufenes Produkt, das zwar noch von 60 % der Anwender verwendet wird, jedoch kaum neue Kunden gewinnt
(3) unser Marktführerprodukt, das immer noch stark an Kunden gewinnt
(4) neues Produkt, das wir leider vom Produkt zu wenig auf die Wünsche der Kunden abgestimmt haben und das weder gut verkauft wird noch viele Kunden gewonnen hat

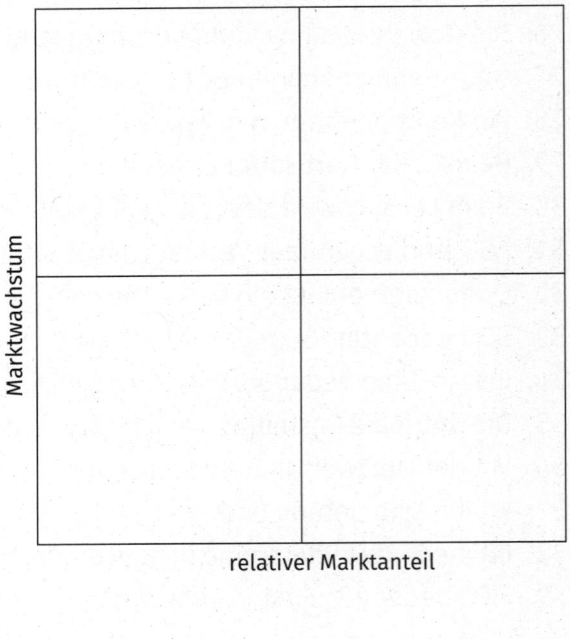

54. Was versteht man unter AIDA in der Verkaufsgesprächsführung? (4 Punkte)

A: ______________________ I: ______________________

D: ______________________ A: ______________________

55. Nennen Sie vier Werbemaßnahmen, die das Werberecht verbietet. (4 Punkte)

____

____

56. Jeder Auszubildende soll ein eigenes Notebook erhalten. Berechnen Sie jeweils den Bezugspreis (netto) und stellen Sie den günstigsten Anbieter fest.

(5 Punkte für das Kalkulationsschema und je 2 Punkte für die korrekte Berechnung)

Angebot A	Angebot B	Angebot C	Angebot D
Notebook: 460,00 €	Notebook: 480,00 €	Notebook komplett:	Notebook: 520,00 €
Tragetasche: 30,00 €	Tragetasche:15,00 €	550,00 €	Tragetasche: 30,00 €
Versand: 20,00 €	Versand: 25,00 €	Versand: 20,00 €	Versand: 25,00 €
	3 % Skonto		Skonto: 2 %
(zzgl. Umsatzsteuer)	(zzgl. Umsatzsteuer)	(inkl. Umsatzsteuer)	(inkl. Umsatzsteuer)

57. Kalkulieren Sie den Listenpreis (inklusive Umsatzsteuer) der Serienfertigung von zehn PCs nach folgenden Kalkulationsvorgaben für den gesamten Auftrag und geben Sie zum Schluss den kalkulierten Preis für einen PC inklusive Umsatzsteuer an. (max. 10 Punkte)

Fertigungslöhne 900,00 €, eingesetzte Komponenten und Material 1800,00 €, Gemeinkostenzuschlagssätze: für Fertigung 40 %, für Material 12 %, Verwaltung und Vertrieb 28 %, Kundenrabatt 15 %, Kundenskonto 2 %, Gewinnaufschlag 11 %

____

____

____

____

____

____

58. Geben Sie kurz eine Stellungnahme mit Kurzbegründung zur Rechtslage ab. (je 2 Punkte)

a) Ein Kunde reklamiert nach fünf Monaten einen Rechner mit defektem Motherboard und möchte sein Geld zurück.

b) Ein Kunde gibt nach 20 Monaten einen Rechner mit defekter Festplatte zurück und verlangt einen kostenlosen Austausch der Festplatte.

c) Sie reklamieren beim Lieferanten nach fünf Monaten die Lieferung defekter DVDs, der Lieferant lehnt die Ersatzlieferung mit dem Vermerk „verspätete Reklamation" ab.

d) Ein Lieferant behauptet, dass er erst in Lieferverzug kommt, wenn er angemahnt wird.

e) Der Kunde kannte den Mangel beim Kauf, möchte den Artikel nun jedoch zurückgeben.

f) Ein Lieferant sendet Ihnen eine neue Rechnung mit Mahnkosten und Verzugszinsen in Höhe von 8 %, weil Sie nicht innerhalb eines Monats gezahlt haben. Sie prüfen die Rechnung, finden kein Zahldatum und fordern daher zunächst eine Mahnung.

g) Da ein Kunde nicht gezahlt hat, rufen Sie den Kunden an und verlangen wegen des Eigentumsvorbehalts den Server innerhalb eines Tages zurück. Der Kunde behauptet, er könne den Server nicht zurückgeben, da er ihn fest in das Rack eingebaut habe und bei dessen Rückgabe der Geschäftsbetrieb nicht aufrecht erhalten werden kann. Sie verlangen nun wegen des erweiterten Eigentumvorbehalts die Herausgabe von Forderungen an seine Kunden als Ersatz.

4 Einführung in das Rechnungswesen und Controlling

4.1 Vorlagen und Zusatzaufgaben – Kapitel 4 bis 4.7.4

4.1.1 Vorlagen

K 4.1.2

Vorlage zu Aufgabe 3 (S. 352)

(Hinweis: vereinfacht ohne Umsatzsteuer)

Einnahmen-Überschuss-Rechnung 20.. nach § 4 Abs. 3 EStG		
Betriebseinnahmen		
	€	
		€
Betriebsausgaben		
Computer und Computerzubehör	€	
+ Raumkosten	€	
+ Werbungskosten	€	
+ Kraftfahrzeugkosten	€	
+ Porto, Telefon, Büromaterial	€	
+ Sonstige Betriebsausgaben	€	
		€
Gewinn (Betriebseinnahmen – Betriebsausgaben)		€

K 4.2.1

Vorlage für Aufgabe 1: Übung 1 (S. 366)

Hauptbuch

S	**EBK**	H

Aktive Bestandskonten

S	**Gebäude**	H

S	**BGA**	H

Passive Bestandskonten

S	**Eigenkapital**	H

S	**Darlehen**	H

S	Handelswaren		H

S	Verbindlichkeiten a. LL		H

S	Forderungen a. LL		H

S	Kasse		H

S	Bank		H

S	SBK		H

K 4.2.2

Vorlage für Aufgabe 3 (S. 369)

a) ER: Kauf eines Schranks bar, 700,00 €

S +	BGA		– H
EBK	8.300,00		

S +	Kasse		– H
EBK	930,00		

b) BA: Wir bekommen ein neues Darlehen gutgeschrieben, 30.000,00 €

S +	Bank		– H
EBK	20.000,00		

S –	Darlehen		+ H
		EBK	120.000,00

c) BA: Bareinzahlung auf unser Geschäftskonto, 500,00 €

S +	**Bank**		– H
EBK	5.000,00		

S +	**Kasse**		– H
EBK	540,00		

d) BA: Ein Kunde begleicht die Rechnung per Überweisung, 800,00 €

S +	**Forderungen a. LL**		– H
EBK	3.000,00		

S +	**Bank**		– H
EBK	18.400,00		

e) BA: Wir begleichen eine Lieferantenrechnung per Überweisung, 3.000,00 €

S +	**Bank**		– H
EBK	11.000,00		

S –	**Verbindlichkeiten a. LL**		+ H
		EBK	4.700,00

f) BA: Wi- tilgen unser Darlehen per Lastschrift, 2.500,00 €

S +	**Bank**		– H
EBK	51.000,00		

S –	**Darlehen**		+ H
		EBK	90.000,00

g) BA/KB: Barauszahlung vom Bankkonto, 550,00 €

S +	**Bank**		– H
EBK	13.800,00		

S +	**Kasse**		– H
EBK	240,00		

h) AR: Verkauf von Waren auf Ziel, 630,00 €

S +	**Handelswaren**		– H
EBK	41.000,00		

S +	**Forderungen a. LL**		– H
EBK	31.000,00		

i) ER: Kauf von Waren auf Ziel, 3.500,00 €

S +	**Handelswaren**		– H
EBK	9.600,00		

S –	**Verbindlichkeiten a. LL**		+ H
		EBK	7.200,00

j) BA: Ein Kunde begleicht die Rechnung per Überweisung, 300,00 €

S +	Bank		– H
EBK	1.000,00		

S +	Forderungen a. LL		– H
EBK	9.700,00		

k) ER: Kauf von Waren bar, 120,00 €

S +	Handelswaren		– H
EBK	34.200,00		

S +	Kasse		– H
EBK	1.000,00		

K 4.2.2

Vorlage für Aufgabe 4 oder 5 (S. 370)

Buchungsliste				
Nr.	**Konten**	**A/P**	**+/–**	**Soll/Haben**
1				
2				
3				
4				

S	EBK		H

Aktive Bestandskonten

S	BGA		H

S	Handelswaren		H

Passive Bestandskonten

S	Eigenkapital		H

S	Darlehen		H

S **Forderungen a. LL** H

S **Verbindlichkeiten a. LL** H

S **Bank** H

S **SBK** H

K 4.2.2

Vorlage für Aufgabe 6 oder 7 (S. 370)

Buchungsliste					
Nr.	**Konten**	**A/P**	**+/–**		**Soll/Haben?**
1					
2					
3					
4					
5					
6					
7					

S **EBK** H

S	Gebäude	H

S	Eigenkapital	H

S	BGA	H

S	Darlehen	H

S	Handelswaren	H

S	Verbindlichkeiten a. LL	H

S	Forderungen a. LL	H

S	Bank	H

S	Kasse	H

S	SBK	H

K 4.2.3

Vorlage für Aufgabe 4 und 5 (S. 371)

Buchungsliste				
Nr.	**Konten**	**A/P**	**+/–**	**Soll/Haben?**
1				
2				
3				
4				
5				
6				
7				
8				

S	**EBK**	H

S	**BGA**	H

S	**Eigenkapital**	H

S	**Handelswaren**	H

S	**Darlehen**	H

S	**Forderungen a. LL**	H

S	**Verbindlichkeiten a. LL**	H

S	Kasse	H

S	Bank	H

S	SBK	H

K 4.2.4

Vorlage für Aufgabe 1 (S. 373)

Buchungsliste							
Geschäftsfälle	**Konten**	**A/P**	**+/–**	**S/H**	**Buchungssatz**	**Soll**	**Haben**
a) ER1: Zieleinkauf, 900,00 €							
b) BA1: Tilgung Darlehen, 1.000,00 €							
c) BA2: Bareinzahlung 500,00 €							
d) AR1: Barverkauf gebrauchtes Faxgerät, 200,00 €							
e) KB3: Kauf eines gebrauchten Pkw, 4.500,00 €							
f) BA3: Kunde begleicht Rechnung über 1.380,00 €							
g) BA4: Begleichung der Lieferantenrechnung, 4.300,00 €							
h) ER2: Bareinkauf Handelswaren, 320,00 €							
i) BA5: Barabhebung, 500,00 €							
j) BA6: Gutschrift Darlehen, 50.000,00 €							
k) ER3: Einkauf Handelswaren auf Ziel, 800,00 €							

K 4.2.5

Vorlage für Aufgabe 1 oder 2 (S. 375)

Buchungsliste							
Geschäftsfälle	Konten	A/P	+/–	S/H	Buchungssatz	Soll	Haben

S **EBK** H

S **BGA** H

S **Eigenkapital** H

S **Handelswaren** H

S **Darlehen** H

S **Forderungen a. LL** H

S **Verbindlichkeiten a. LL** H

S	Kasse	H

S	Bank	H

S	SBK	H

K 4.2.6

Vorlage für Aufgabe 2 oder 3 (S. 379)

Buchungsliste								
Geschäftsfälle	**Konten**	**A/P**	**A/E**	**+/–**	**S/H**	**Buchungssatz**	**Soll**	**Haben**

S	EBK	H

S	BGA	H

S	Eigenkapital	H

S	Forderungen a. LL	H

S	Darlehen	H

S	Bank	H

S	Verbindlichkeiten a. LL	H

Erfolgskonten

S	Büromaterial	H

S	Umsatzerlöse	H

S	Werbung	H

S	GuV	H

S	SBK	H

K 4.2.6

Vorlage für Aufgabe 4 und 5 (S. 379 f.)

Buchungsliste								
Geschäftsfälle	Konten	A/P	A/E	+/–	S/H	Buchungssatz	Soll	Haben

(Fortsetzung von S. 83)

S	EBK	H

S	BGA	H

S	Eigenkapital	H

S	Forderungen a. LL	H

S	Darlehen	H

S	Bank	H

S	Verbindlichkeiten a. LL	H

Erfolgskonten

S	Beratungskosten	H

S	Umsatzerlöse	H

S	Miete	H

S	Strom, Gas, Wasser	H

S	GuV	H

S	Fachliteratur	H

S	SBK	H

K 4.2.7

Vorlage für Aufgabe 1 (S. 382)

ACI GmbH

Papillo GmbH
Martinistrasse 120
49078 Osnabrück

Rechnung

Wartung	70,00 €
.... % USt	13,30 €
Rechnungsbetrag	83,30 €

Auto Schubert

ACI GmbH
Sachsenfeld 1
20097 Hamburg

Rechnung

Benzin Mai	95,00 €
.... % USt	.... €
Rechnungsbetrag	.... €

ACI GmbH

Papillo GmbH
Martinistrasse 120
49078 Osnabrück

Rechnung

Rechnungsbetrag Fachbücher	98,00 €
incl. .... % USt	

Im Betrag sind .... €
Umsatzsteuer enthalten.

ACI GmbH

Der Kunstladen GmbH
Bremer Str. 80
26135 Oldenburg

Rechnung

Beratung	263,80 €
.... % USt	.... €
Rechnungsbetrag	.... €

K 4.2.7

Vorlage für Aufgabe 2 (S. 382)

	Rohstoffhersteller	Hardwarehersteller	Großhandel	Einzelhandel
Einkauf netto (ER)				
Verkauf netto (AR)				
Mehrwert				
Vorsteuer bei ER				
Umsatzsteuer bei AR				
Zahllast				

K 4.2.8

Vorlage für Aufgabe 3 und 4 (S. 386)

S EBK H

S BGA H

S Eigenkapital H

S Forderungen a. LL H

S Darlehen H

S Bank H

S Verbindlichkeiten a. LL H

S Vorsteuer H

S Umsatzsteuer H

Erfolgskonten

S Büromaterial H

S Umsatzerlöse H

S Werbung H

S GuV H

S	SBK	H

K 4.2.8

Vorlage 1 für Aufgabe 6 und 7 (S. 386 ff.)

Buchungsliste								
Geschäftsfälle	**Konten**	**A/P**	**A/E**	**+/–**	**S/H**	**Buchungssatz**	**Soll**	**Haben**

K 4.2.8

Vorlage 2 für Aufgabe 6 und 7 (S. 386 ff.)

S **EBK** H

S **BGA** H

S **Eigenkapital** H

S **Forderungen a. LL** H

S **Darlehen** H

S **Bank** H

S **Verbindlichkeiten a. LL** H

S **Kasse** H

S **Vorsteuer** H

S **Umsatzsteuer** H

Erfolgskonten

S	Versicherungen	H

S	Umsatzerlöse	H

S	Leasing	H

S	Zeitungen u. Ä.	H

S	GuV	H

S	Porto und Telefon	H

S	SBK	H

K 4.2.9

Vorlage für Aufgabe 1 (S. 391)

Vergleich: lineare und degressive Abschreibung				
	lineare Abschreibung 10 % vom Anschaffungswert		degressive Abschreibung 25 % vom Buchwert	
Jahr	Abschreibung	Buchwert	Abschreibung	Buchwert
1				
2				
3				
4				
5				
6				
7				
8				
9				
10				

Vorlage für Aufgabe 2 (S. 391)

Bestandsverzeichnis

Sachanlage	Hersteller	Anschaffungs-preis, netto	Anschaffungs-datum	Nutzungs-jahre	AfA %	AfA 1. Jahr	Buchwert Ende 1. Jahr	AfA 2. Jahr	Buchwert Ende 2. Jahr

Vorlage für Aufgabe 4 (S. 392)

Bestandsverzeichnis

Sachanlage	Hersteller	Anschaffungs-preis, netto	Anschaffungs-datum	Nutzungs-jahre	AfA %	AfA 1. Jahr	Buchwert Ende 1. Jahr	AfA 2. Jahr	Buchwert Ende 2. Jahr

K 4.2.10

Vorlage für Aufgaben (S. 394)

Grundbuch (Journal)

Nr. 1 von/bis:

Lfd. Nr.	Beleg-Nr.	Belegdatum	Sollkonto	Habenkonto	Sollbetrag	Habenbetrag	Text

Kontrollsumme

K 4.2.12.1

Vorlage für Aufgabe 1 (S. 398)

Buchungsliste								
Geschäftsfälle	**Konten**	**A/P**	**A/E**	**+/–**	**S/H**	**Buchungssatz**	**Soll**	**Haben**

S	Forderungen a. LL	H

S	Eigenkapital	H

S	Bank	H

S	Verbindlichkeiten a. LL	H

S	Vorsteuer	H

S	Umsatzsteuer	H

Erfolgskonten

S	Aufwendungen Waren	H

S	Umsatzerlöse	H

S	GuV	H

S	SBK	H

K 4.2.12.1

Vorlage für Aufgabe 2 und 3 (S. 398 f.)

Buchungsliste								
Geschäftsfälle	**Konten**	**A/P**	**A/E**	**+/−**	**S/H**	**Buchungssatz**	**Soll**	**Haben**

S	Forderungen a. LL	H

S	Eigenkapital	H

S	Bank	H

S	Verbindlichkeiten a. LL	H

S	Vorsteuer	H

S	Umsatzsteuer	H

Erfolgskonten

S	Aufwendungen Waren	H

S	Umsatzerlöse	H

S	Werbung	H

S	GuV	H

S	SBK	H

K 4.2.12.2

Vorlage für Aufgabe 2 (S. 401)

Buchungsliste								
Geschäftsfälle	**Konten**	**A/P**	**A/E**	**+/–**	**S/H**	**Buchungssatz**	**Soll**	**Haben**

S **Waren** H

S **Eigenkapital** H

S **Forderungen a. LL** H

S **Verbindlichkeiten a. LL** H

S **Bank** H

S **Umsatzsteuer** H

S **Vorsteuer** H

S **Umsatzerlöse** H

S	Aufwendungen Waren	H

S	GuV	H

S	SBK	H

K 4.2.12.2

Vorlage 1 für Aufgabe 3 (S. 401 f.)

Buchungsliste								
Geschäftsfälle	**Konten**	**A/P**	**A/E**	**+/–**	**S/H**	**Buchungssatz**	**Soll**	**Haben**

K 4.2.12.2

Vorlage 2 für Aufgabe 3 (S. 401 f.)

S **Waren** H

S **Eigenkapital** H

S **Forderungen a. LL** H

S **Verbindlichkeiten a. LL** H

S **Bank** H

S **Umsatzsteuer** H

S **Vorsteuer** H

S **Umsatzerlöse** H

S **Aufwendungen Waren** H

S **GuV** H

S **Werbung** H

S **SBK** H

K 4.2.12.2

Vorlage 1 für Aufgabe 4 (S. 402)

Buchungsliste								
Geschäftsfälle	**Konten**	**A/P**	**A/E**	**+/–**	**S/H**	**Buchungssatz**	**Soll**	**Haben**

K 4.2.12.2

Vorlage 2 für Aufgabe 4 (S. 402)

S	BGA	H

S	Eigenkapital	H

S	Waren	H

S	Darlehen	H

S	Forderungen a. LL	H

S	Verbindlichkeiten a. LL	H

S	Bank	H

S	Vorsteuer	H

S	Aufwendungen Waren	H

S	Umsatzsteuer	H

S	Werbung	H

S	Umsatzerlöse	H

S	Büromaterial	H

S	GuV	H

S	Abschreibungen	H

S	SBK	H

K 4.2.12.3 und S. 403 f.

Kurztest zum logischen Verständnis im Rechnungswesen

Tragen Sie zu den Fragen jeweils die richtige der folgenden Antworten ein: Aktiva, Aufwand, Ausgabe, Haben, Soll, Haben, Passiva.

Fragen zum logischen Grundverständnis im Rechnungswesen	Antworten
Posten der Finanzierung finden Sie in der Bilanz i. d. R. im ...?	
Posten zum Umlaufvermögen finden Sie in der Bilanz i. d. R. im ...?	
Posten zu Kosten finden Sie auf betrieblichen Aufwandskonten i. d. R. im ...?	
Umsatzerlöse nehmen auf Erlöskonten zu im ...?	
Der Gewinn im GuV-Konto erhöht das Eigenkapital im ...?	
Ist ein Verkauf auf Ziel eine Einzahlung oder eine Einnahme?	
Ist eine Lagerentnahme zur Produktion ein Aufwand oder eine Ausgabe?	
Ist ein Wareneinkauf auf Lager ein Aufwand oder eine Ausgabe?	

K 4.6.3

Vorlage für Aufgaben a bis e (S. 431)

a)

Konten	Saldo	Anteil in %
Betriebs- und Geschäftsausstattung	6.600,00 €	
Forderungen a. LL	3.700,00 €	
Bank	4.980,00 €	
Kasse	450,00 €	
Vermögen gesamt	15.730,00 €	

b)

Konten	Saldo	Anteil in %
Eigenkapital + **Gewinn – Verlust**	4.230,00 €	
Darlehen	10.000,00 €	
Verbindlichkeiten a. LL.	1.500,00 €	
Kapital gesamt	15.730,00 €	

c)

Erfolgskonten	September	Oktober	November	Dezember	gesamt	Mittelwert pro Monat
Umsatzerlöse	1.600,00 €	2.300,00 €	2.400,00 €	4.300,00 €		
Personalaufwendungen	480,00 €	530,00 €	480,00 €	560,00 €		
Miete	300,00 €	300,00 €	300,00 €	300,00 €		
Leasing	320,00 €	460,00 €	480,00 €	860,00 €		
Kosten des Geldverkehrs	180,00 €	250,00 €	230,00 €	420,00 €		
Büromaterial	120,00 €	130,00 €	90,00 €	150,00 €		
Porto, Telefon	140,00 €	150,00 €	130,00 €	170,00 €		
Werbung	480,00 €	530,00 €	570,00 €	620,00 €		
Gewinn/Verlust	– 420,00 €					

d)

Geldmittel	September	Oktober	November	Dezember	Mittelwert pro Monat
Bank Kontostand	4.980,00 €	4.600,00 €	4.800,00 €	6.300,00 €	
Kasse	450,00 €	320,00 €	210,00 €	380,00 €	
Flüssige Mittel					

e)

Variable Kosten	November	Abweichung vom Mittelwert	Dezember	Abweichung vom Mittelwert	Mittelwert pro Monat
Leasing	480,00 €		860,00 €		
Beratungskosten	230,00 €		420,00 €		
Büromaterial	90,00 €		150,00 €		
Porto, Telefon	130,00 €		170,00 €		
Werbung	570,00 €		620,00 €		
Variable Kosten gesamt	1.500,00 €		2.220,00 €		

K 4.6.4.1

Vorlage für Aufgabe 4 (S. 435 f.)

Aufbereitete Bilanz der Digidruck GmbH (in Tsd. EUR)					
Aktiva	**Berichtsjahr**	**Vorjahr**	**Passiva**	**Berichtsjahr**	**Vorjahr**
A. Anlagevermögen	550	430	A. Eigenkapital	103	170
B. Umlaufvermögen			B. Fremdkapital		
1. Vorräte	60	50	1. Langfristiges Fremdkapital	530	450
2. Forderungen	40	22	2. Kurzfristiges Fremdkapital	52	22
3. Flüssige Mittel	35	140			
	685	**642**		**685**	**642**

Kennzahlen:		**Berichtsjahr**	**Vorjahr**
Finanzierung	Eigenkapitalquote:		
Investition	Anlagendeckung I:		
	Anlagendeckung II:		
Liquidität	Liquidität I:		
	Liquidität II:		
Vermögensstruktur	Anteil des Anlagevermögens:		
	Anteil des Umlaufvermögens:		
	Anteil der Vorräte:		
	Anteil der Forderungen:		
	Anteil der flüssigen Mittel:		

K 4.6.4.3

Vorlage für Aufgabe 2 (S. 438 f.)

GuV der Digidruck GmbH (in Tsd. EUR)	Berichtsjahr	Vorjahr	Prozentuale Veränderung
Umsatzerlöse	2.100	2.300	
– Materialaufwand	740	890	
= Rohergebnis			
– Personalaufwendungen	840	830	
– Abschreibungen	38	45	
– Sonstige betriebliche Aufwendungen	480	440	
= Betriebsergebnis			
+ Zinserträge	0	2	
– Zinsaufwendungen	62	48	
= Ergebnis der gewöhnlichen Geschäftstätigkeit	– 60	49	
– Steuern	5	12	
= Jahresüberschuss/-fehlbetrag (Jahresergebnis)			
Zusatzangaben:			
Eigenkapital in Tsd. EUR (Ende des Jahres):	103	170	
Als ø Lagerbestand in Tsd. EUR angenommen:	190	150	
Als ø Forderungsbestand in Tsd. EUR angenommen:	110	78	

Kennzahlen

Kennzahlen der Rentabilität	B	V
Eigenkapitalrentabilität = $\frac{\text{Jahresergebnis} \cdot 100}{\text{Eigenkapital}}$		
Umsatzrentabilität = $\frac{\text{Jahresergebnis} \cdot 100}{\text{Umsatzerlöse}}$		

Kennzahlen des Lagerumschlages	B	V
Lagerumschlagshäufigkeit = $\frac{\text{Materialaufwand}}{\text{⌀ Lagerbestand}}$		
⌀ Lagerdauer = $\frac{360}{\text{Lagerumschlagshäufigkeit}}$ = x Tage		

Kennzahlen der Kundenzahlungsverhaltens	B	V
Umschlagshäufigkeit der Forderungen = $\frac{\text{Umsatzerlöse}}{\text{⌀ Forderungsbestand}}$		
⌀ Zahldauer = $\frac{360}{\text{Umschlagshäufigkeit d. Ford.}}$ = x Tage		

K 4.7.2.5

Vorlage für Aufgabe c (S. 456)

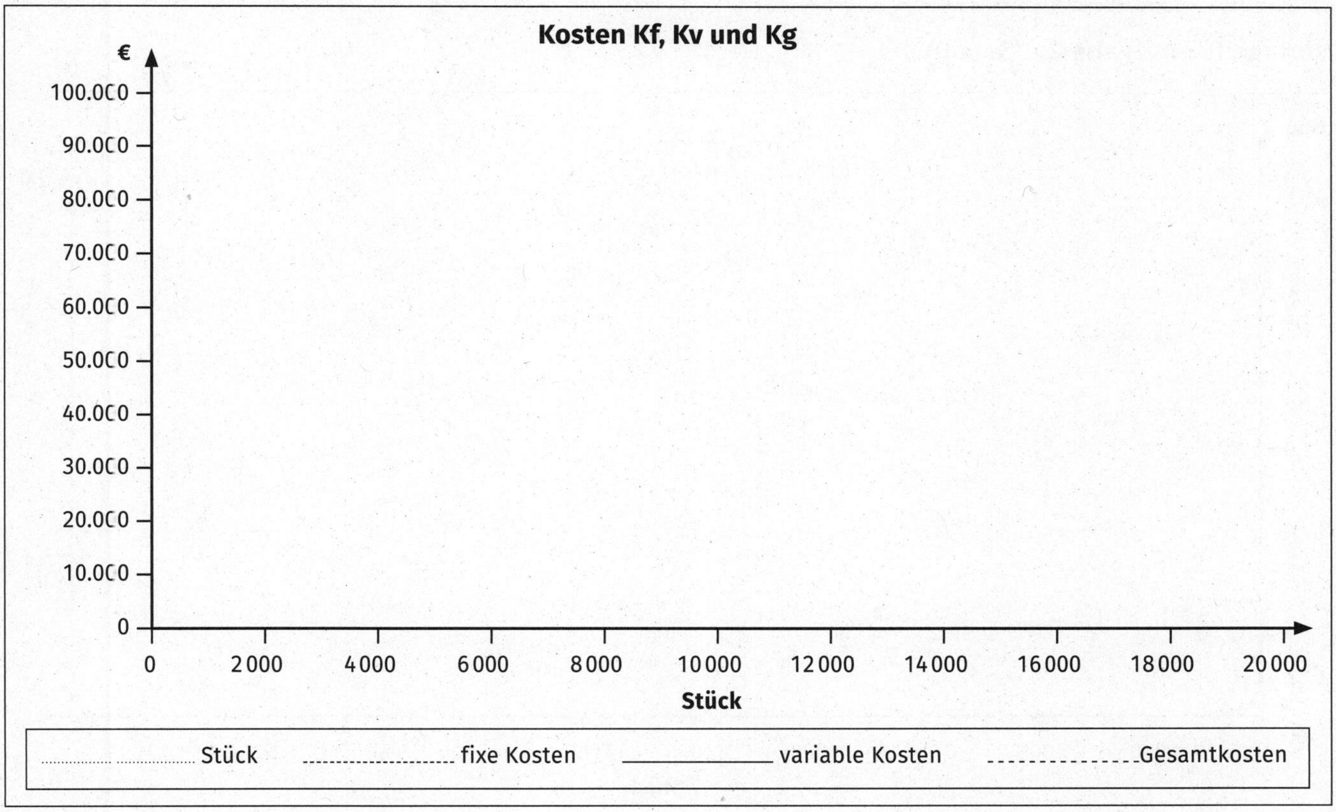

K 4.7.2.5

Vorlage für Aufgabe 1 (S. 458)

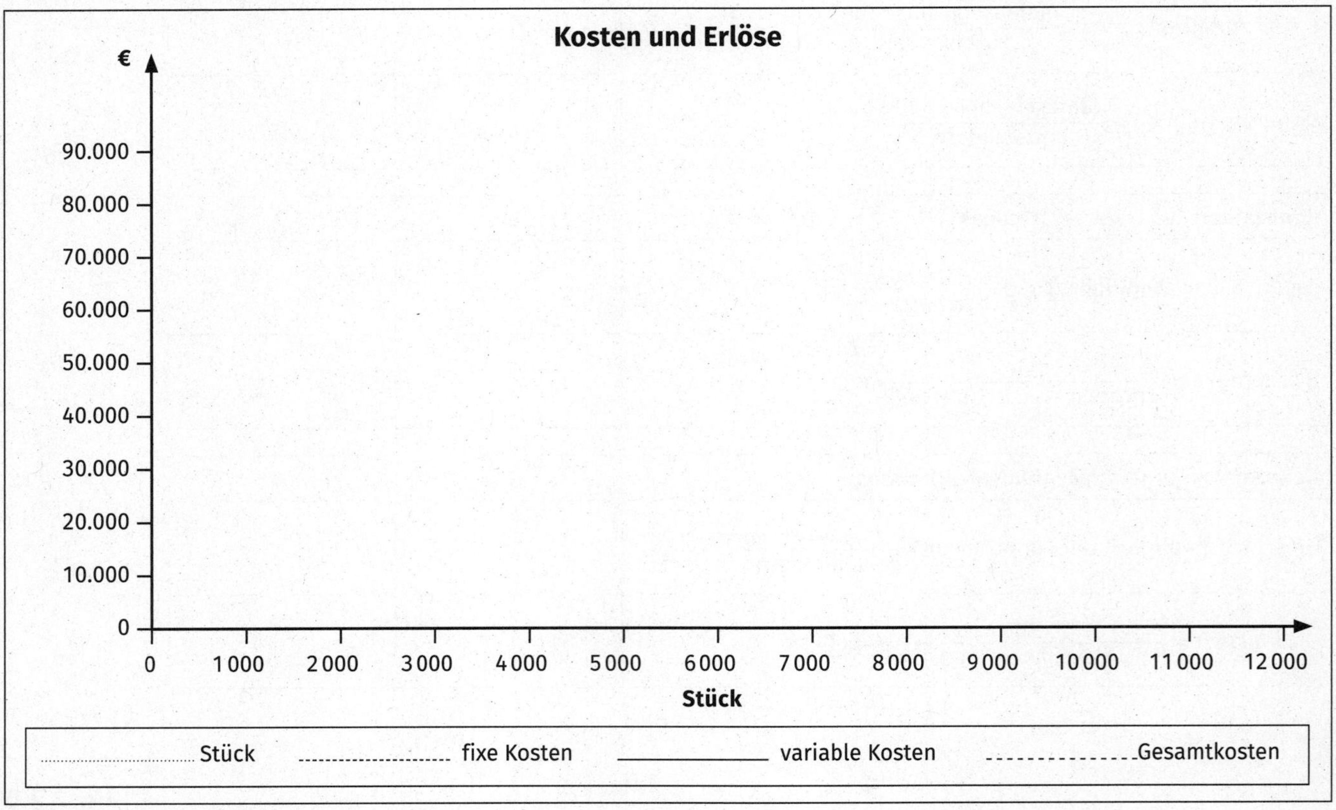

K 4.7.2.6

Vorlage für Aufgabe 2a (S. 460)

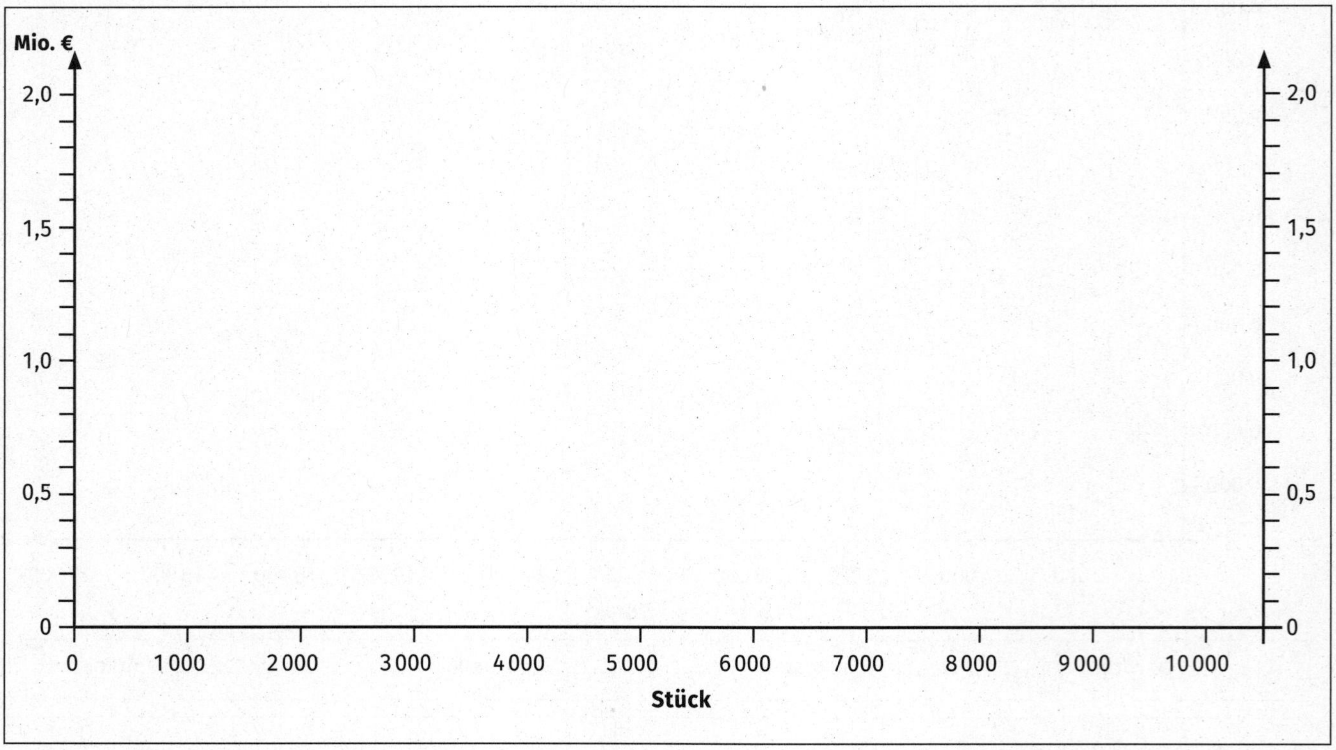

K 4.7.2.7 und 4.7.2.8

Vorlage für Aufgabe 2 (S. 462)

Plankosten und Istkosten im Vergleich							
Kostenstelle	Budgetplanung	Bezugsgröße	Plankosten €	Istkosten €		Abweichung Plan/Ist	
				gesamt	Einheit	€	%
EDV	EDV Jahresplan	95 PC	120.000,00	130.000,00			
Marketing	Marketingplan	8,3 Mio. € Umsatz	460.000,00	280.000,00			
Personalwesen	Budgetplan	250 Mitarbeiter	90.000,00	110.000,00			
Kantine	Budgetplan	70 000 Mahlzeiten	180.000,00	160.000,00			
Energieversorgung	Verbrauchsplan	1,2 Mio. kWh	190.000,00	270.000,00			

Vorlagen für Aufgaben 2a und 2b (S. 465)

Prozesskostensatzermittlung							
Teilprozesse		Maßgrößen	Planprozess-mengen	Planprozess-kosten/€	Prozesskostensatz (lmi)/€	Umlagesatz (lmn)/€	Gesamtprozess-kostensatz/€
Angebote einholen	lmi	Anzahl Angebote	800	240.000,00			
Bestellungen aufgeben	lmi	Anzahl Bestellungen	2.000	80.000,00			
Reklamationen bearbeiten	lmi	Anzahl Reklamationen	150	165.000,00			
Abteilungsleitung	lmn			70.000,00			

Prozesskostensatzermittlung							
Teilprozesse		Maßgrößen	Planprozess-mengen	Planprozess-kosten/€	Prozesskostensatz (lmi)/€	Umlagesatz (lmn)/€	Gesamtprozess-kostensatz/€
Anfragen bearbeiten	lmi	Anzahl Anfragen	5.000	320.000,00			
Auftrag bearbeiten, kommissionieren	lmi	Anzahl Lieferscheine	2.400	60.000,00			
Auftrag ausliefern	lmi	Anzahl Lieferscheine	2.400	90.000,00			
Reklamationen bearbeiten	lmi	Anzahl Reklamationen	120	25.200,00			
Zahlungsverkehr bearbeiten	lmi	Anzahl Rechnungen	2.000	60.000,00			
Abteilungsleitung	lmn			8.000,00			

K 4.7.3

Vorlage für Aufgabe 2 (S. 469)

Betriebsabrechnungsbogen (BAB)

Einzelkosten	Betrag

Gemeinkosten	Betrag	Verteilungsgrundlage	Verteilung in %				Kostenstellen: Material	Fertigung	Verwaltung	Vertrieb
gesamt										
Zuschlagsgrundlage:										
1. Fertigungsmaterial										
2. Fertigungslöhne										
3. Bestandsveränderungen										
4. Herstellkosten des Umsatzes										
Gemeinkostenzuschlagssatz										

K 4.7.3

Vorlage für Aufgabe 3 (S. 469)

Betriebsabrechnungsbogen (BAB)

Einzelkosten	Betrag
Fertigungsmaterial	
Fertigungslöhne (produktive Löhne)	

Gemeinkosten	Betrag	Verteilungsgrundlage	Verteilung in %				Kostenstellen			
							Material	Fertigung	Verwaltung	Vertrieb
Unproduktive Löhne und Gehälter										
Sozialabgaben										
Aufwendungen f. Fortbildung										
Fremdinstandhaltung										
Mietaufwendungen										
Beratungskosten										
Büromaterial										
Kommunikationskosten										
Aufwendungen f. Werbung										
Versicherungen										
Sonst. betriebl. Aufwendungen										
Kalkulatorische Abschreibungen										
Kalkulatorische Wagnisse										
gesamt										
Zuschlagsgrundlage:										
1. Fertigungsmaterial										
2. Fertigungslöhne										
3. Bestandsveränderungen										
4. Herstellkosten des Umsatzes										
Gemeinkostenzuschlagssatz										
Nr. Aufteilung für Mietaufwendungen	5 800 m²		10	60	8	22	580 m²	3 480 m²	464 m²	1 276 m²

4.1.2 Zusatzaufgaben

K 4

4.1 Die Umsatzanteile der Produktgruppen 1. Hardware, 2. Software und 3. Schulung haben sich vom Vorjahr von 1. 50 %, 2. 30 % und 3. 20 % in diesem Jahr auf 1. 40 %, 2. 30 % und 3. 30 % verändert. Um wie viel Prozent hat sich der Hardwareumsatz verringert, wenn der Gesamtumsatz im Vorjahr 2 Mio. € und im aktuellen Jahr 2,2 Mio. € betrug?

K 4

4.2 Ihr Ausbilder legt Ihnen folgenden Fall zur Entscheidung und Begründung vor.

a) Würden Sie eine Rechnung (30 Tage netto) von 120.000,00 € innerhalb der Skontofrist von 7 Tagen mit 3 % Skonto begleichen, wenn sich momentan das Geschäftskonto im Soll befindet und Kontokorrentzinsen von 12 % p. a. von der Bank berechnet werden würden, andererseits jedoch mit Einzahlungen in den nächsten vier Wochen in Höhe von 250.000 € gerechnet wird?

Antwort: ja/nein

b) Begründen Sie Ihre Entscheidung rechnerisch.

K 4.6.4

4.3 Die ACI GmbH will eine neue Filiale in Düsseldorf eröffnen. Sie hat dafür einen Businessplan erstellt, der in den ersten fünf Jahren Umsätze von durchschnittlich 1.400.000,00 € pro Jahr vorsieht.

Für den laufenden Betrieb sind jährliche Aufwendungen für Miete, Personal, Verwaltungsaufwendungen, Werbung etc. sowie für den Material- und Lizenzaufwand von insgesamt 1.200.000,00 € kalkuliert. Einmalige Kosten für die Geschäftseröffnung von 80.000,00 € sowie für kalkulatorische Wagnisse in den ersten fünf Jahren von insgesamt 420.000,00 € sollen als Mittelwert auf fünf Jahre einbezogen werden. Die ACI GmbH will für die Tochtergesellschaft ein Eigenkapital von 150.000,00 € und Kredite in Höhe von 100.000,00 € (Zinssatz 7 %) für den Geschäftsbetrieb und die Beschaffung von Waren genehmigen.

Berechnen Sie auf einem zusätzlichen Blatt kalkulatorisch die

a) Eigenkapitalrentabilität,

b) Gesamtkapitalrentabilität,

c) Umsatzrentabilität und

d) erläutern Sie die Umsatzrentabilität an einem Beispiel.

K 4.6.4.3

4.4 Sie planen eine Investition in Höhe von 600.000,00 € und wollen diese Investition mit dem Cashflow aus der aktuellen GuV-Rechnung sowie einem zusätzlichen Kredit finanzieren. Ermitteln Sie die Höhe des Cashflows und des Kredits.

Soll	GuV ACI GmbH		Haben
Materialaufwand	300.000,00	Umsatzerlöse	950.000,00
Gehälter	200.000,00		
sonstige beriebliche Aufwendungen	90.000,00		
Abschreibungen	100.000,00		
Aufwendungen für Rückstellungen	40.000,00		

a) Ermitteln Sie den Jahresüberschuss durch Abschluss des GuV-Kontos.

b) Ermitteln Sie den maximal möglichen Cashflow aus der GuV-Rechnung.

c) Ermitteln Sie die Höhe des notwendigen Kredits.

K 4.7.2.6

4.5 Zur Einführung des selbst entwickelten Videoüberwachungssystems mit eigener Software will man ein Einsteigersystem zu einem sehr günstigen Preis anbieten. Sie sind beauftragt worden, den Preis so zu berechnen, dass ein Deckungsbeitrag von 10 % erzielt wird. Folgende Angaben zur Berechnung des Aktionspreises haben Sie bereits ermittelt:

Einkaufspreis (netto) der Komponenten	1.200,00 €
Rabatt der Lieferanten auf den Einkaufspreis	20 %
Bezugskosten netto pro System	30,00 €
Eigene variable Kosten pro System	800,00 €

K 4.7.2.6

4.6 Aufgrund der schlechten Konjunktur sollen die Deckungsbeiträge und das Betriebsergebnis ermittelt sowie Maßnahmen zur Verbesserung des Jahresergebnisses beschlossen werden.

a) Ermitteln Sie die fehlenden Daten in der Tabelle.

Deckungsbeiträge und Betriebsergebnis der ACI GmbH					
Abteilungen	**IT-Systeme**	**Software**	**Support**	**Beratung**	**Gesamt**
Umsatzerlöse	2.200.000,00 €	290.000,00 €	260.000,00 €	380.000,00 €	
variable Kosten	1.800.000,00 €	320.000,00 €	300.000,00 €	140.000,00 €	
Deckungsbeitrag					
fixe Kosten insgesamt					800.000,00 €
Betriebsergebnis					

b) Die Geschäftsleitung denkt über Outsourcing nicht rentabler Bereiche nach. Erläutern Sie, was man darunter versteht und welche Bereiche dafür infrage kämen.

c) Die Geschäftsleitung will ohne Outsourcing das Betriebsergebnis verbessern. Schlagen Sie vier Kostenmaßnahmen vor, wenn Sie damit rechnen, dass die Umsätze im nächsten Jahr nicht steigen werden.

___

___

___

K 4.7.4.4

4.7 Sie wurden beauftragt, den Gewinn für die Lieferung eines Multimedia-PCs zu kalkulieren, wobei folgende Kalkulationsdaten vorgegeben sind:

- Komponenten und Material: 220,00 €
- Fertigungslöhne: 80,00 €
- vorgegebener Preis des Kunden (Listenpreis): 680,00 €
- Zuschlagssätze: Materialgemeinkosten 11 %, Fertigungsgemeinkosten 96,4 %, Verwaltungsgemeinkosten 9,7 %, Vertriebsgemeinkosten 20,8 %

Mit dem Kunden wurden folgende zusätzliche Konditionen vereinbart: Rabatt: 10 %, Skonto 3 %. Mit dem Vermittler für diesen Auftrag haben Sie eine Provision von 5 % vereinbart.

Können Sie den Auftrag annehmen, wenn die Geschäftsleitung einen Gewinnaufschlag von mindestens 7 % erwartet? Verwenden Sie das folgende Kalkulationsschema.

Gewinnkalkulation		
Kalkulation		**EUR**
Fertigungsmaterial, Komponenten		
Materialgemeinkosten		
Materialkosten		
Fertigungslöhne		
Fertigungsgemeinkosten		
Fertigungskosten		
Herstellkosten		
Verwaltungsgemeinkosten		
Vertriebsgemeinkosten		
Selbstkosten		
Gewinnzuschlag (Differenz)	%	
Barverkaufspreis		
Kundenskonto		
Vertreterprovision		
Zielverkaufspreis		
Kundenrabatt		
Angebotspreis (Listenpreis)		

4.2 Abschlusstest Nr. 5 – Kapitel 4 bis 4.7.4

Bewertung: ungenügend < 34 Punkte, mangelhaft < 56 Punkte , ausreichend < 75 Punkte , befriedigend < 91 Punkte , gut < 102 Punkte , sehr gut >101 Punkte

4.2.1 Grundlagen des Rechnungswesens – Was ist richtig? (20 Punkte)

1. Gesetze zum Rechnungswesen des Kaufmanns findet man im HGB.
2. Kleingewerbetreibende mit einem Umsatz bis 20.000,00 € dürfen beim Finanzamt eine Einnahmen-Überschussrechnung abgeben.
3. Wer gegen die GoB verstößt, muss mit einem Strafverfahren rechnen.
4. Im Grundbuch werden die Belege zeitlich erfasst (Journal).
5. Buchführungsbelege müssen 6 Jahre aufbewahrt werden, beginnend mit dem Schluss des Kalenderjahres.
6. Bei der permanenten Buchführung kann der Abschlussstichtag beliebig festgelegt werden.
7. Neben der körperlichen Inventur gibt es auch eine Buchinventur.
8. Das Inventar wird aus der Bilanz erstellt.
9. Unternehmen können sich auch von der Umsatzsteuer befreien lassen.
10. Um den Nettobetrag auszurechnen wird der Umsatzsteuersatz abgezogen, z. B. 100–19 %.
11. Im Kontenplan stehen die für den Betrieb gültigen Konten und Kontennummern.
12. Der Wareneinkauf kann auf Lager (Bestand) oder just in time gebucht werden.
13. Handlungskosten sind alle Geschäftskosten ohne die Warenbezugskosten.
14. Bei der Zuschlagskalkulation muss erst Skonto und danach Rabatt zugeschlagen werden.
15. Der Cashflow besteht aus Gewinn, Rückstellungen und Abschreibungen der GuV.
16. Zu den Kosten gehören nicht alle Aufwendungen des Betriebes.
17. Abschreibungen fallen unter die Anderskosten.
18. Die Wirtschaftlichkeit wird mit der Formel Kosten/Leistungen berechnet.
19. Gemeinkosten werden direkt dem Kostenträger berechnet.
20. Die Teilkostenrechnung ermittelt die Deckungsbeiträge als Umsatzerlöse minus Selbstkosten.

4.2.2 Grundlagen der Kontierung – Was ist richtig? (vgl. Abschlussübersicht im Lehrbuch S. 403 f.) (10 Punkte)

21. Das Konto BGA nimmt im Soll zu.
22. Das Konto Darlehen nimmt im Haben zu.
23. Das Konto Forderungen a. LL nimmt im Haben zu.
24. Das Konto Bank nimmt im Haben zu.
25. Das Konto Büromaterial ist ein Erfolgskonto.
26. Das Konto Erlösberichtigungen ist ein Unterkonto des Kontos Erlöse.
27. Das Konto Gewinn und Verlust ist das Abschlusskonto der Bestandskonten.
28. Durch die Buchung einer Ausgangsrechnung erfolgt eine Umsatzsteuerbuchung im Soll.
29. Der Inventurbestand wird auf dem Konto Waren (Bestand) im Soll gebucht.
30. Das Konto Verbindlichkeiten a. LL nimmt im Haben ab.

4.2.3 Buchungsaufgaben

Geben Sie jeweils den richtigen Buchungssatz an, (je Einzelbuchung 1 Punkt) (50 Punkte)

Aufg.	Beleg, Geschäftsfall	Buchungssatz	Soll	Haben
31.	Eingangsrechnung: Wir kaufen Computerkomponenten als Waren für das Lager auf Ziel, 1.200,00 €, zzgl. 228,00 € USt.			
32.	Eingangsrechnung: Wir kaufen für einen Kunden (just in time) einen Monitor für 200,00 € zzgl. 38,00 € USt. gegen Banklastschrift.			
33.	Quittung: Verkauf eines Monitors an einen Kunden bar, 300,00 €, zzgl. 57,00 € USt			
34.	Ausgangsrechnung: Verkauf eines Servers an einen Kunden per Bankcard, 1.400,00 €, zzgl. 266,00 € USt			
35.	Bankauszug: Wir zahlen bei der Bank 2.000,00 € bar ein.			
36.	Bankauszug: Ein Kunde begleicht die Rechnung, 595,00 €.			
37.	Bankauszug: Wir begleichen eine Rechnung, 2.380,00 €.			
38.	Bankauszug: Ein Kunde begleicht eine Rechnung von 1.190,00 € abzgl. 3 % Skonto.			
39.	Bankauszug: Wir begleichen eine Warenrechnung über 1.428,00 € abzgl. 2 % Skonto.			
40.	Gutschrift: Wir senden Waren an den Lieferanten gegen Gutschrift zurück, 300,00 €, zzgl. 57,00 €.			
41.	Gutschrift: Wir erhalten wegen einer Mängelrüge an einer Ware einen Preisnachlass von 100,00 €.			
42.	Gutschrift: Ein Kunde erhält einen Preisnachlass per Gutschrift, 100,00 € zzgl. 19,00 € USt.			
43.	Eingangsrechnung: Wir kaufen Hardware auf Lager, 2.500,00 €, zzgl. 80,00 € Fracht, 490,20 € USt.			
44.	Gutschrift: Ein Kunde gibt einen PC zurück und erhält 300,00 € bar ausgezahlt.			
45.	Gehaltsabrechnung: Bruttogehälter 8.500,00 €, Lohn- und Kirchensteuer 1.400,00 €, Solidaritätszuschlag 128,00 €, Sozialabgaben 1.950,00 €			
46.	Abschlussbuchung: Abschreibungen auf Fuhrpark 4.300,00 €			
47.	Abschlussbuchung: Gewinnbuchung auf Eigenkapital 45.800,00 €			

4.2.4 Gemischte Aufgaben des Rechnungswesens (76 Punkte)

48. Welche Auswirkung ergibt sich durch die Ausnutzung von Skonto bei Bezahlung einer Warenrechnung? (Bitte ankreuzen!) (2 Punkte)

a) Die Handlungskosten vermindern sich.
b) Der Warenwert steigt.
c) Die Kreditwürdigkeit sinkt.
d) Der Einstandspreis der Ware vermindert sich.
e) Der Unternehmensgewinn vermindert sich.

49. In welchen drei Unternehmensarten haben die Personalkosten einen hohen Anteil an den Selbstkosten? (Bitte ankreuzen!) (3 Punkte)

a) Handwerksbetriebe
b) Dienstleistungsbetriebe der IT-Branche
c) Computerherstellung mit automatisierter Serienfertigung
d) Solarkraftwerksanlagen
e) Computerherstellung in Einzelfertigung

50. Wie wirkt sich die Umsatzsteuer auf die Erfolgsrechnung von ACI aus? (Bitte ankreuzen!) (2 Punkte)

a) Der Ertrag erhöht sich.
b) Der Gewinn wird kleiner.
c) Der Aufwand erhöht sich.
d) Der Verlust wird größer.
e) Die Umsatzsteuer ist erfolgsneutral.

51. Bei ACI wird überlegt, ob eine Software für Videokonferenzen selbst entwickelt und vermarktet werden soll oder ob sich die Eigenentwicklung und Vermarktung einer eigenen Software lohnt.

<u>Lizenzverkauf Video 2000</u> (20 Punkte)

- Kosten der Vertriebslizenz: 40.000,00 € verteilt auf fünf Jahre
- variable Kosten für Updates, Vertrieb, Verwaltung und Marketing je Kundenlizenz: 600,00 €
- fixe Kosten pro Jahr: 15.000,00 €
- möglicher Umsatz (netto) pro Lizenz: 2.800,00 €

<u>Eigenentwicklung</u>

- Entwurf- und Entwicklungskosten: 120.000,00 €, verteilt auf fünf Jahre
- variable Kosten für Vertrieb, Verwaltung und Marketing: 800,00 €
- sonstige fixe Kosten pro Jahr: 20.000,00 €
- möglicher Umsatz (netto) pro Lizenz: 3.500,00 €

a) Wie viel Gewinn pro Jahr erzielt ACI bei einem Verkauf von 50 Lizenzen bei Eigenentwicklung oder Fremderwerb der Lizenzen nach obiger Kosten- und Ertragsaufstellung? (6 Punkte)

___

___

___

b) Ermitteln Sie aufgrund der obigen Daten, ab welcher Stückzahl verkaufter Softwareprogramme pro Jahr die Eigenentwicklung der Software rentabler ist. (8 Punkte)

___

___

___

c) Nennen Sie drei berechtigte Risiken und Chancen für den Geschäftserfolg, die Sie der Geschäftsleitung für die Wahl der Eigenentwicklung vortragen. (6 Punkte)

___

___

___

52. Die Techno GmbH will der ACI GmbH einen Auftrag in Höhe von 400.000,00 € erteilen. Sie sind beauftragt, die Bilanz der Techno GmbH zu prüfen und eine Stellungnahme zur Zahlungsfähigkeit abzugeben.

Aktiva	Bilanz Techno GmbH (vereinfacht) EUR		Passiva
Anlagevermögen		**Eigenkapital**	300.000,00
Grundstücke und Gebäude	800.000,00	**Fremdkapital**	
Technische Anlagen	120.000,00	Langfristige Verbindlichkeiten	820.000,00
Betriebs- und Geschäftsausstattung	80.000,00	Kurzfristige Verbindlichkeiten:	
Umlaufvermögen		– Verbindlichkeiten a. LL	320.000,00
Warenvorräte	170.000,00	– Sonstige kurzfristige Verbindlichkeiten	154.000,00
Forderungen a. LL	360.000,00		
Kasse	8.000,00		
Bank	56.000,00		
	1.594.000,00		1.594.000,00

a) Nennen Sie drei Möglichkeiten, sich Auskünfte über die Bilanz zu beschaffen. (3 Punkte)

b) Berechnen Sie nach der o. a. Bilanz die Eigenkapitalquote, die Liquidität 1. und 2. Grades und geben Sie anhand der ermittelten Kennzahlen eine Stellungnahme ab. (9 Punkte)

c) Nennen Sie fünf Möglichkeiten, die Zahlung des Auftrags der Techno GmbH abzusichern. (5 Punkte)

d) Beurteilen Sie die Höhe der kurzfristigen Verbindlichkeiten hinsichtlich der Rentabilität. (3 Punkte)

53. Wir wollen anhand der Bilanzdaten die Möglichkeiten des Factoring klären. Mit abzüglich 10 % Kosten für das Factoring sollen unsere Verbindlichkeiten durch Eingangsrechnungen reduziert werden.

Aktiva	Bilanz ACI GmbH (Auszug)		Passiva
Forderungen	150.000,00	langfristige Bankverbindlichkeiten	300.000,00
Bank	30.000,00	kurzfristige Bankverbindlichkeiten	30.000,00
Kasse	10.000,00	Liefererverbindlichkeiten	120.000,00

a) Wie viel Prozent beträgt die Liquidität 1. Grades (Barliquidität)? (3 Punkte)

b) Um welchen Betrag in Euro könnte man durch Factoringerträge die Verbindlichkeiten maximal nach dem Bilanzauszug senken? (2 Punkte)

54. Der folgende Auszug aus dem BAB und die weiteren Angaben zum Auftrag sollen zur Erledigung folgender Aufgaben dienen:

a) Kalkulation des Angebots nach Normalzuschlagssätzen und dem aufgeführten unvollständigen Kalkulationsschema

b) Feststellung der Über- und Unterdeckung der Ist-/Normalkosten

BAB ACI GmbH (Auszug)			
Kostenstellen / Gemeinkostenart	**Material (Komponenten)**	**Installation (Support)**	**Verwaltung und Vertrieb**
Istgemeinkosten	165.000,00 €	450.000,00 €	240.000,00 €
Zuschlagsgrundlage	Materialeinzelkosten (Fertigungsmaterial)	Lohneinzelkosten (Fertigungslöhne)	Herstellkosten
Zuschlagsbasis: Istkosten	840.000,00 €	670.000,00 €	2.125.000,00 €
Istgemeinkosten-Zuschlagssatz	19,6 %	67,2 %	11,3 %
Zuschlagsbasis	800.000,00 €	700.000,00 €	2.000.000,00 €
Normalgemeinkosten	150.000,00 €	500.000,00 €	200.000,00 €
Normalgemeinkosten-Zuschlagssatz	18,8%	71,4%	10,0%
Über-/Unterdeckung Ist-/Normalkosten	€	€	€

(3 Punkte)

Einzelkosten für den Auftrag:	
Material:	29.000,00 €
Löhne für Installation:	6.000,00 €
Sondereinzelkosten:	300,00 €
Gewinnaufschlag:	8 %
Rabatt:	15 %
Skonto:	3 %

Hinweise:
Istkosten sind die aktuell tatsächlich angefallen Kosten.
Normalkosten sind die Durchschnittswerte der Istkosten mehrerer vergangener Abrechnungsperioden.

Kalkulationsschema	Eingabe	Ausgabe
Materialeinzelkosten		
Materialkosten		
Löhne Installation		
Lohnkosten		
Herstellkosten		
Verwaltungs- und Vertriebskosten		
Barangebotspreis		
Zielangebotspreis		
Listenangebotspreis		

(6 Punkte + 15 Punkte)

5 Zusatzaufgaben – Kapitel 5 bis 5.5.3

5.1 Die Verkaufsleitung hat statt eines Mitarbeiters eine Projektgruppe beauftragt, eigene Softwareprodukte über andere Vertriebswege anzubieten. Welche Vorteile bringt die Einrichtung einer Projektgruppe? (Bitte ankreuzen!)

a) weniger Kosten, da im Team weniger Kosten anfallen
b) schnellere Abwicklung des Projektes bei gleichem Zeitaufwand
c) gemeinsame Nutzung unterschiedlicher Fähigkeiten und größere Motivation durch gemeinsame Verantwortung
d) klare Zuständigkeiten, die Vertrauen für die zukünftigen Kunden schaffen
e) konfliktfreies Vorgehen in der Teamarbeit

5.2 Welche Merkmale entsprechen nicht den Grundsätzen der Teamarbeit? (Bitte ankreuzen!)

a) Das Team wird nach außen von einem Sprecher repräsentiert.
b) Im Team haben sich möglichst homogene Mitglieder zusammengefunden.
c) Verschiedene Fähigkeiten der Mitarbeiter sollen im Team besonders zum Tragen kommen.
d) Im Team hat jeder seinen klaren und eindeutigen Kompetenzbereich.
e) Das ganze Team ist für den Erfolg der Teamarbeit verantwortlich.

5.3 Mitarbeiter der Abteilungen Arbeitsvorbereitung, Produktion, Vertrieb und Marketing sind zu einer Innovationstagung eingeladen, bei der die Geschäftsleitung über neue Produkte diskutieren möchte. Dazu sollen Kreativitätstechniken eingesetzt werden. Ordnen Sie die genannten Kreativitätstechniken den Beschreibungen richtig zu.

Kreativitätstechniken	Beschreibungen	
a) Mindmapping	Ideen werden mit Verzweigungen aufgezeichnet.	
b) Brainstorming	Ideen werden von jedem Teilnehmer bewertet.	
c) 6-3-5 Methode	Ideen werden vom Nachbarn weiterentwickelt.	
d) Punktabfrage	Ideen werden spontan gesammelt.	

5.4 Ordnen Sie die genannten Schritte in die richtige Reihenfolge für eine typische Brainstorming-Sitzung.

a) Aufgabe formulieren
b) Vorschläge bewerten
c) Beiträge sortieren
d) Ideen sammeln
e) Ergebnis feststellen
f) Eingangsmoderation

Reihenfolge						

5.5 Für Teamarbeit und die Netzplantechnik sollen zwei neue Programme beschafft werden. Ordnen Sie aus der Liste der Softwarekategorien richtig zu.

Softwarekategorien

a) CAD
b) PPS
c) Project Software
d) CRM
e) Groupware
f) ERP

ausgewählte Anwendung/Unterstützung	
Teamarbeit	
Netzplantechnik	

5.6 Welche der folgenden Aspekte sollten bei einer Produktpräsentation mit Beamer auf einer Messe besonders beachtet werden? (Bitte ankreuzen!)

a) Produkte sollten im Detail und in ganzen Sätzen technisch erläutert werden.
b) Viele Schaubilder sollten per Klick technische Details ergänzen.
c) Folienseiten sollten kurz und anschaulich zentrale Botschaften vermitteln.
d) 25 Folien sollten einer Messepräsentation von maximal 10 Minuten gerecht werden.
e) Folien sollten über eine Masterfolie ein einheitliches Design vermitteln.
f) Zuschauer werden besonders durch vielfältige Gestaltungselemente und Farben zum Verbleiben animiert.

6 Wiederholungsaufgaben

Im Folgenden finden Sie zu bearbeitende Wiederholungsaufgaben aus dem Bereich Wirtschafts- und Sozialkunde und den Kapiteln 2, 3 und 4. Wiederholen Sie anschließend alle Aufgaben, die in diesem Arbeitsheft ähnlich den Prüfungsaufgaben konzipiert wurden.

6.1 WISO – Wirtschafts- und Sozialkunde

Hinweis: Ein Aufgabensatz „WISO“ mit 30 Aufgaben wird in dieser Art in der Abschlussprüfung vorgelegt. Zur Bearbeitung wird eine Prüfungszeit von 60 Minuten gewährt. In einen Lösungsbogen müssen die richtigen Antworten als Lösungsziffern eingetragen werden. Die Anzahl der Lösungsziffern kann man anhand der vorgegebenen Lösungskästchen erkennen. Auf die Hinweise zu den Lösungen ist zu achten, insbesondere darauf, ob eine Lösung oder mehrere Lösungen erwartet werden.

Für die Bearbeitung der folgenden 20 Aufgaben sollen Sie die Lösungen in die Lösungskästchen neben der jeweiligen Aufgabe durch Eintragungen angeben.

Situation: Sie sind Mitarbeiter der ACI GmbH, einem Systemhaus.

1. Die ACI GmbH hat mit Ihnen einen Einzelvertrag geschlossen. Welche Aussage ist zutreffend?

Ein Einzelvertrag ...

1. ... ist ohne Zustimmung der Gewerkschaft ungültig.
2. ... ist ohne Urlaubsregelung ungültig.
3. ... darf für höchstens vier Jahre geschlossen werden.
4. ... ist gültig, wenn das vereinbarte Arbeitsentgelt unter dem tariflich festgelegten Entgelt liegt.
5. ... ist gültig, wenn das vereinbarte Arbeitsentgelt über dem tariflich festgelegten Entgelt liegt. ☐

2. Welches der folgenden Gesetze wird jeweils in den nachfolgenden Sachverhalten geregelt?

Gesetze:

1. Arbeitszeitgesetz
2. Betriebsverfassungsgesetz
3. Kündigungsschutzgesetz
4. Allgemeines Gleichbehandlungsgesetz

Sachverhalte:

a) Bewerber mit Behinderungen werden bevorzugt. ☐
b) Arbeitnehmer dürfen grundsätzlich an einem Werktag nicht mehr als acht Stunden arbeiten. ☐
c) Eine betriebsbedingte Kündigung ist rechtsunwirksam, wenn sie sozial ungerechtfertigt ist. ☐
d) Der Betriebsrat kann bei der Aufstellung eines Sozialplanes mitbestimmen. ☐
e) In einer Stellenanzeige wird die Stelle „Fachinformatiker“ ausgeschrieben. ☐

3. Die Mitarbeiter der ACI GmbH sollen einen Betriebsrat wählen. Welche der folgenden Aussagen ist zutreffend?

Ein Betriebsrat ...

1. ... ist zwingend bei einer Kapitalgesellschaft einzurichten.
2. ... ist der Geschäftsleitung beigeordnet und leitet alle Personalangelegenheiten.
3. ... besitzt ein Mitbestimmungsrecht bei der Aufstellung des Urlaubsplans.
4. ... hat bei der Ernennung eines Prokuristen ein Vorschlagsrecht.
5. ... muss paritätisch aus weiblichen und männlichen Arbeitnehmern gewählt sein. ☐

4. Eine Auszubildende absolviert einen Teil ihrer Ausbildung im Ausland. Hierbei ist der Europass hilfreich. Welche Aussage ist zutreffend?

Der Europass ist ein europaweiter Dienst, um ...

1. ... Leistungen des Ausbildungsbetriebes verständlich darzustellen.
2. ... Ansprechpartner im europaweiten Geschäft aufzulisten.
3. ... die Auszubildenden sozialrechtlich im Ausland abzusichern.
4. ... erworbene Qualifikationen verständlich darzustellen.
5. ... die beteiligten Betriebe der „Wanderzeit im Ausland“ zu dokumentieren.

☐

5. Sie sollen in die Personalabteilung wechseln. Welche zwei Versicherungsbeiträge sind nicht im Arbeitnehmerbeitrag zur Sozialversicherung enthalten?

1. Pflegeversicherung
2. Rentenversicherung
3. Unfallversicherung
4. Arbeitslosenversicherung
5. Lebensversicherung

☐☐

6. In einer Vertriebssitzung soll entschieden werden, welcher der vier folgenden möglichen Aufträge aus wirtschaftlichen Gründen bevorzugt angenommen werden soll. Kreuzen Sie an, welcher Auftrag der wirtschaftlichste ist.

Auftrag	1	2	3	4
Ertrag (€)	150.000,00	155.000,00	180.000,00	180.000,00
Aufwand (€)	140.000,00	140.000,00	150.000,00	160.000,00
wirtschaftlichster Auftrag				

7. Ein Kaufvertrag über einen Großauftrag wird von zwei Mitarbeitern, einer mit „ppa.“ und einer mit „i. A.“ vorm Namen, unterzeichnet. Was sagen diese Unterschriftsergänzungen aus? Wählen Sie zwei zutreffende Aussagen aus.

1. „ppa.“ gibt an, dass der Mitarbeiter zur Produktion gehört.
2. „ppa.“ gibt an, dass der Unterzeichner mit der Vollmacht Prokura unterzeichnet hat.
3. „i. A.“ bedeutet, der Mitarbeiter unterzeichnet in Abwesenheit der Geschäftsleitung.
4. „i. A.“ bedeutet, der Unterzeichner ist unbefristeter Angestellter.
5. „ppa.“ und „i. A.“ bedeuten, der Unterzeichner gehört zur Geschäftsleitung.

☐☐

8. Solidarität ist ein grundlegendes Prinzip in der Bundesrepublik. Welcher der genannten Sachverhalte entspricht diesem Prinzip?

1. Der Staat senkt den Solidaritätszuschlag als Ergänzungsabgabe zur Einkommensteuer.
2. Über den Solidarpakt II erhalten die ostdeutschen Länder und Berlin zusätzliche Mittel.
3. Der Staat senkt die Erbschaftssteuersätze.
4. Jeder Arbeitnehmer wird angehalten, für die Altersvorsorge selbst Rücklagen zu bilden.
5. Die Wirtschaftslage zwingt Kommunen freiwillige Leistungen zu senken.

☐

9. Sie wollen im Betrieb in Ihre Personalakte Einsicht nehmen. Welche Aussage ist richtig?

1. Einsicht in die Personalakte haben grundsätzlich nur Mitarbeiter der Personalabteilung.
2. Nur die für Sie zuständige Sachbearbeiterin hat Zugang zur Personalakte.
3. Sie haben das Recht auf uneingeschränkte Einsichtnahme.
4. Sie dürfen nur zusammen mit einem Mitglied des Betriebs-/Personalrates Einsicht nehmen.
5. Sie dürfen Einsicht nehmen, nachdem vertrauliche Unterlagen der Geschäftsleitung entfernt wurden.

☐

10. Bei der ACI GmbH sollen neue Mitarbeiter eingestellt werden. Sie sollen in den Einstellungsverfahren mitarbeiten. Welche drei Fragen dürfen in Einstellungsgesprächen nicht gestellt werden bzw. müssen von Bewerbern nicht wahrheitsgemäß beantwortet werden?

1. Sind Sie schwanger?
2. Sind Sie bereit, mehrere Tage in der Woche auf Dienstreise zu sein?
3. Welcher politischen Richtung gehören Sie an?
4. Sind Sie Mitglied einer Gewerkschaft?
5. Welche Gehaltsvorstellungen haben Sie?

11. Bei der ACI GmbH sollen Wahlen zur Jugend- und Auszubildendenvertretung vorbereitet werden. Geben Sie anhand der folgenden Aufstellung aus der Personalabteilung und dem Gesetzestext an, wie viele Mitarbeiter wahlberechtigt und wie viele wählbar sind.

Angaben der Personalabteilung (Mitarbeiter mit mindestens sechsmonatiger Betriebszugehörigkeit):

- 18 Kaufmännische Mitarbeiter, alle volljährlich, 4 unter 25 Jahre, davon 1 Betriebsratsmitglied
- 15 Fachinformatiker, alle volljährlich, 4 unter 25 Jahre
- 5 Informatikkaufleute, alle volljährlich, 4 unter 25 Jahre
- 12 IT-Systemkaufleute, alle volljährlich, 4 unter 25 Jahre, davon 1 Betriebsratsmitglied
- 10 Auszubildende (Kauffrau/-mann für Büromanagement, IT-Berufe), 9 Auszubildende unter 25 Jahre, 3 davon minderjährig

Anzahl Wahlberechtigte	Anzahl Wählbare

Betriebsverfassungsgesetz
§ 8 Wählbarkeit

(1) Wählbar sind alle Wahlberechtigten, die sechs Monate dem Betrieb angehören oder als in Heimarbeit Beschäftigte in der Hauptsache für den Betrieb gearbeitet haben. (Auszug)

§ 60 Errichtung und Aufgabe

(1) In Betrieben mit in der Regel mindestens fünf Arbeitnehmern, die das 18. Lebensjahr noch nicht vollendet haben (jugendliche Arbeitnehmer) oder die zu ihrer Berufsausbildung beschäftigt sind und das 25. Lebensjahr noch nicht vollendet haben, werden Jugend- und Auszubildendenvertretungen gewählt.

(2) Die Jugend- und Auszubildendenvertretung nimmt nach Maßgabe der folgenden Vorschriften die besonderen Belange der in Absatz 1 genannten Arbeitnehmer wahr.

§ 61 Wahlberechtigung und Wählbarkeit

(1) Wahlberechtigt sind alle in § 60 Abs. 1 genannten Arbeitnehmer des Betriebs.

(2) Wählbar sind alle Arbeitnehmer des Betriebs, die das 25. Lebensjahr noch nicht vollendet haben; § 8 Abs. 1 Satz 3 findet Anwendung. Mitglieder des Betriebsrats können nicht zu Jugend- und Auszubildendenvertretern gewählt werden.

12. Die ACI GmbH und Mitarbeiter der ACI GmbH tragen mit Beiträgen zur Sozialversicherung bei. Welche Aufteilung entspricht den rechtlichen Bestimmungen?

Aufteilung	Versicherung	Anteil ACI in %	Anteil Arbeitnehmer in %
1	Krankenversicherung	40	60
2	Rentenversicherung	40	60
3	Pflegeversicherung		100
4	Arbeitslosenversicherung		100
5	Unfallversicherung	100	

13. In der ITK-Branche stehen zwischen den Vertragspartnern (Gewerkschaften, Arbeitgeberverbände) Tarifvertragsverhandlungen an, da sie bessere Tarife wollen. Ordnen Sie die folgenden Vorgänge in der zeitlichen Reihenfolge.

1. Die Tarifverhandlungen scheitern.
2. Mindestens 75 % der Abstimmenden haben eine Arbeitsniederlegung befürwortet.
3. Die Gewerkschaften wollen Änderungen am Tarifvertrag und kündigen diesen.

4. Während des Streiks werden die Verhandlungen wieder aufgenommen.
5. Gewerkschaften unterstützen ihre Forderungen durch regional begrenzte Warnstreiks.
6. Der beschlossene Streik wird durchgeführt.
7. 75 % der Gewerkschaftsmitglieder erklären ihr Einverständnis mit dem Verhandlungsergebnis.
8. Es gibt eine Urabstimmung bei Gewerkschaftsmitgliedern für einen unbefristeten „Erzwingungsstreik".

Richtige Reihenfolge der Vorgänge:								

14. Mitarbeitern der ACI GmbH werden in einer Betriebsversammlung folgende Umsatzzahlen vorgestellt:

Vorjahr		**aktuelles Jahr**	
Mitarbeiter	**Umsatz**	**Mitarbeiter**	**Umsatz**
60	4.800.000,00 €	70	5.250.000,00 €

Es wird behauptet, dass der Umsatz zwar zweistellig gestiegen sei, aber der Umsatz pro Mitarbeiter und damit die „Produktivität" der Mitarbeiter gefallen sei.

Überprüfen Sie die Aussage und ermitteln Sie für beide Jahre die Umsätze/Mitarbeiter und zusätzlich die prozentuale Veränderung im Umsatz. Geben Sie eine Stellungnahme zur Aussage ab.

		Platz für Nebenrechnung:
Umsatz pro Mitarbeiter Vorjahr		
Umsatz pro Mitarbeiter akt. Jahr		
Veränderung im Umsatz (%)		

Stellungnahme:

15. Sie sollen den anderen Auszubildenden die (modellhaft vereinfachte) Angebots- und Nachfragesituation einer marktüblichen Komponente erläutern, die sich aus folgenden Zahlen ergeben:

Preis (€)	**Angebot (Stück)**	**Nachfrage (Stück)**
10	100	900
20	200	800
30	300	700
40	400	600
50	500	500
60	600	400
70	700	300
80	800	200
90	900	100

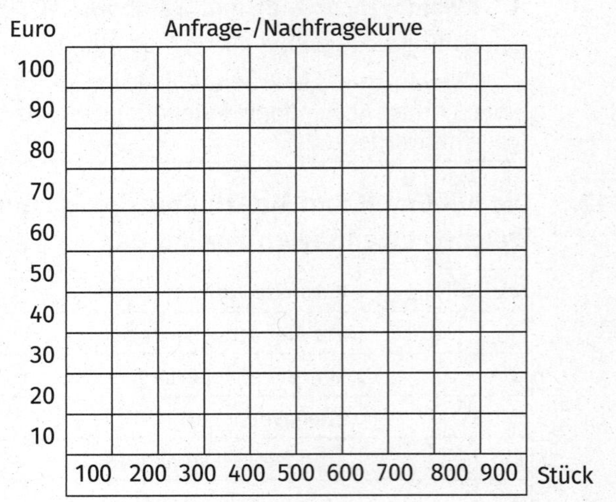

a) Zeichnen Sie die Anfrage- und die Nachfragekurve in das Diagramm ein.
b) Geben Sie den Gleichgewichtspreis an.
c) Geben Sie den Angebotsüberhang bei einem Preis von 70,00 € an.

16. Sie sind seit drei Jahren beschäftigt, sind erkrankt und werden aufgrund einer notwenigen Operation fünf Wochen krankgeschrieben sein. Welche Aussage ist richtig?

Sie erhalten ...

1. ... aufgrund der langen Erkrankung Krankengeld von der Arbeitsagentur.
2. ... nach drei Wochen eine Versicherungsleistung von Ihrer Berufsunfähigkeitsversicherung.
3. ... ein Krankengeld von der Berufsgenossenschaft.
4. ... weiter ihr Arbeitsentgelt lt. Vertrag.
5. ... Krankengeld von der Krankenkasse. ☐

17. Einem Mitarbeiter wird nach bestandener Prüfung ein befristeter Arbeitsvertrag angeboten. Welche der folgenden Aussagen trifft zu?

Befristete Arbeitsverträge ...

1. ... dürfen nur bei Auszubildenden mit Anschlussvertrag abgeschlossen werden.
2. ... dürfen nicht in einen unbefristeten Vertrag umgewandelt werden.
3. ... können bei einer Laufzeit von bis zu zwölf Monaten auch ohne Urlaubsanspruch vereinbart werden.
4. ... enden mit Ablauf der Befristung, ohne dass eine Kündigung ausgesprochen werden muss.
5. ... dürfen nur bei längerer Arbeitslosigkeit des Mitarbeiters abgeschlossen werden. ☐

18. Einem Mitarbeiter wurde ohne Anhörung des Betriebsrates gekündigt. Welche Aussage ist nach dem Betriebsverfassungsgesetz rechtens?

Die Kündigung ...

1. ... ist unwirksam, da das Arbeitsgericht nicht informiert wurde.
2. ... ist unwirksam, da eine Anhörung des Betriebsrates vorgeschrieben ist.
3. ... ist wirksam, wenn nachträglich der Betriebsrat angehört wird.
4. ... ist wirksam, da der Betriebsrat erst auf Bitten des Mitarbeiters gehört werden muss.
5. ... ist wirksam, weil der Betriebsrat kein Zustimmungsrecht hat. ☐

19. Sie diskutieren folgende Marktsituationen auf dem IT-Markt. In welchen zwei Fällen sind Verkäufermärkte gegeben?

1. Im gesamten IT Hardware-Markt herrscht starker Wettbewerb.
2. Die Nachfrage nach der neuen IRI-Watch ist größer als das Angebot, die Preise sind sehr hoch.
3. Auf dem Markt klassischer Datenträger gibt es weniger Nachfrager als Anbieter.
4. Das Angebot an Digitalkameras übersteigt die Nachfrage.
5. Wegen der Nachfrage nach dem „Digicar“ gibt es sehr lange Wartezeiten. ☐☐

20. Welche zwei der folgenden Aussagen über die GmbH treffen zu?

1. Bei der GmbH haften alle Gesellschafter auch privat für die Schulden der GmbH.
2. Bei einer GmbH können die Gesellschafter nicht Geschäftsführer sein.
3. Eine „kleine GmbH“, UG genannt, benötigt mindestens 1.000,00 € Stammkapital.
4. Das Stammkapital der GmbH muss mindestens 25.000,00 € betragen.
5. Eine GmbH kann auch von einer Person gegründet werden. ☐☐

6.2 Wiederholungsaufgaben – Kapitel 2

1. **Sie sind im Business-Prozess-Management (BPM) eines Entwicklungsauftrags eingebunden und sollen den neuen Auszubildenden an einem Beispiel die Notation der EPK erläutern. Es werden Ihnen die folgenden Angaben aus der Istaufnahme, angefangen mit dem Einlesen der Chipkarte, vorgegeben. Vervollständigen Sie das Schaubild.**

   Vorgänge der Istaufnahme: a) Chipkarte ist eingelesen, b) Name und Pin eingeben, c) Name und Pin eingegeben, d) Name prüfen und parallel e) Pin prüfen, f) entweder ist der Name korrekt oder g) der Name ist nicht korrekt, h) entweder ist die Pin korrekt oder i) die Pin ist nicht korrekt.

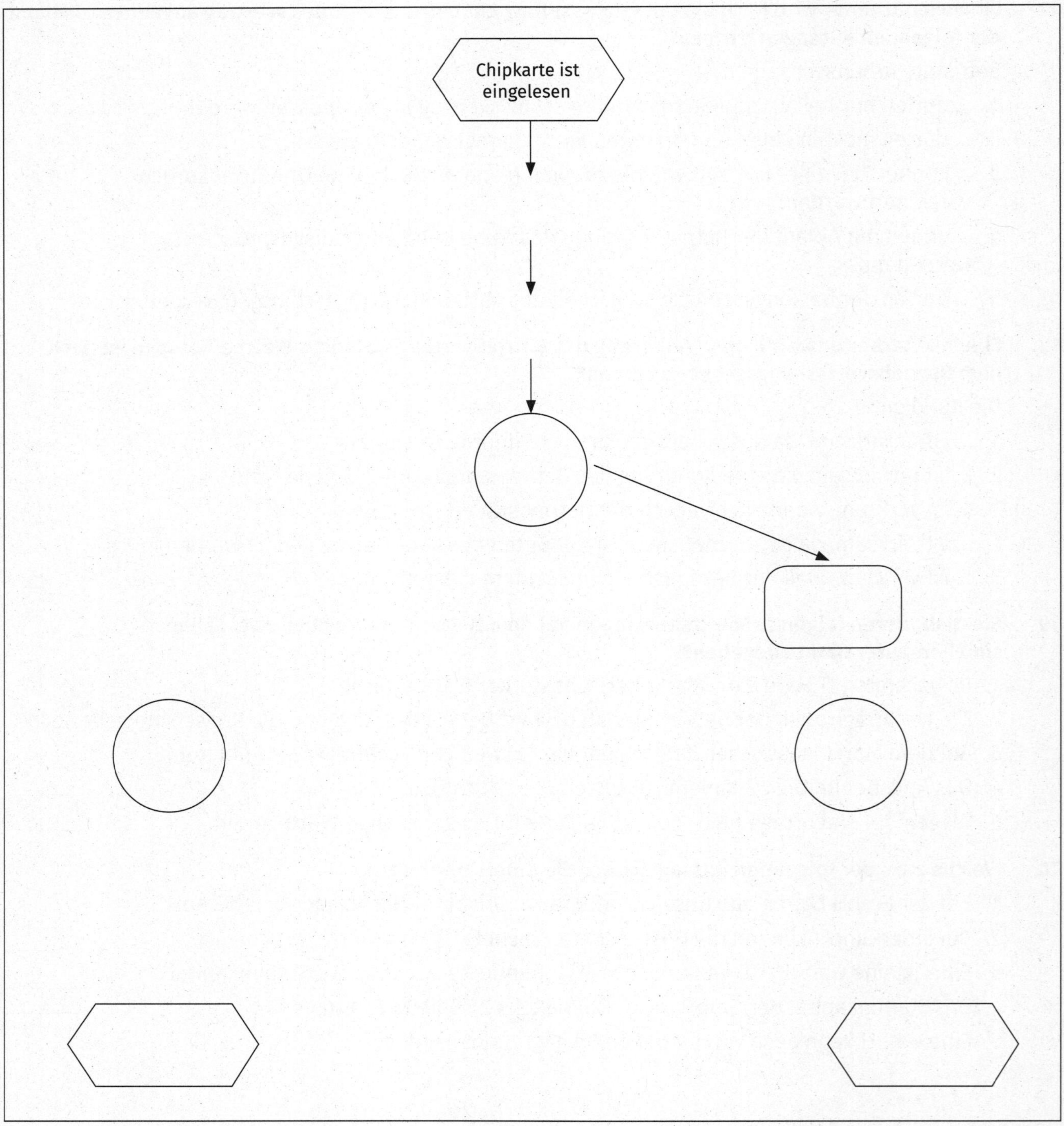

2. Ein größeres Projekt „Installation eines Sicherheitssystems in zwei unterschiedlich großen Werkhallen“ steht an. Sie sind mit der Erstellung eines Netzplans beauftragt und sollen Vorschläge zur zeitlichen Optimierung vortragen.

Vorgangsliste			
Vorgang	**Bezeichnung**	**Dauer**	**Vorgänger**
A	Pflichtenheft festlegen	2	---
B	Angebote einholen und auswerten, bestellen	4	A
C	Material liefern und Leitungssystem in Halle A installieren	5	B
D	Material liefern und Leitungssystem in Halle B installieren	8	B
E	Test und Teilabnahme beider Räume	1	C, D
F	Komponenten liefern und Sicherheitssystem in Halle A installieren	4	E
G	Komponenten liefern und Sicherheitssystem in Halle B installieren	6	E
H	Software installieren und testen	2	G
I	System übergeben, Mitarbeiter schulen	1	H

a) Erstellen Sie auf einem Sonderblatt oder mit Excel (Vorlage siehe Zusatzmaterial im Downloadbereich des Sachbuchs) einen Netzplan, wobei die Knoten nach folgendem Muster erstellt werden und der erste FAZ = 0 ist:

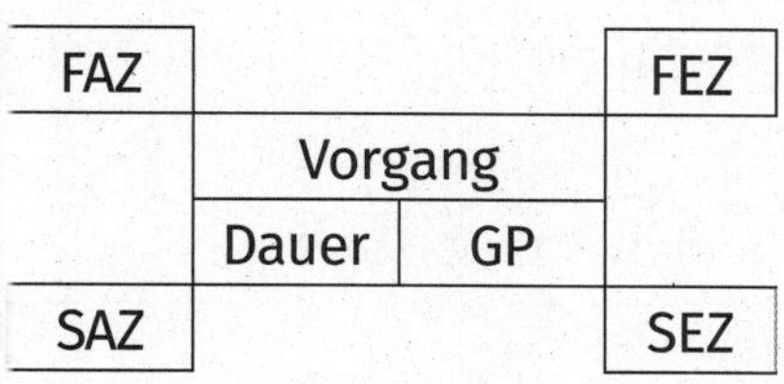

Hinweis Download: Ein kostenloser Download mit zusätzlichen Materialien ist auf der Verlagswebseite bei Aufruf des Sachbuchtitels abrufbar.

b) Geben Sie an, über welche Knoten der kritische Pfad läuft.

____

c) Erläutern Sie kurz den kritischen Pfad.

____

d) Folgender Kalender liegt vor. Geben Sie an, an welchem Tag nach dem Netzplan die Übergabe erfolgt, wenn das Projekt Anfang Mai beginnen soll (an Feiertagen und Wochenenden, dunkler unterlegt, wird nicht gearbeitet).

Mai							
KW	Mo	Di	Mi	Do	Fr	Sa	So
18				1	2	3	4
19	5	6	7	8	9	10	11
20	12	13	14	15	16	17	18
21	19	20	21	22	23	24	25
22	26	27	28	29	30	31	

JUNI							
KW	Mo	Di	Mi	Do	Fr	Sa	So
22							1
23	2	3	4	5	6	7	8
24	9	10	11	12	13	14	15
25	16	17	18	19	20	21	22
26	23	24	25	26	27	28	29
27	30						

____

e) Der Kunde möchte gerne, dass die Übergabe Ende Mai erfolgt. Wie können Sie die Projektdauer verkürzen?

____

____

6.3 Wiederholungsaufgaben – Kapitel 3

1. Sie sind im Vertrieb beschäftigt und sollen Fragen zum Vertragsrecht beantworten. Ordnen Sie die Aussagen a–c einer der folgenden Vertragsarten zu.

a) Es wird eine bestimmte (individuelle) Leistung mit spezifiziertem Ergebnis geschuldet.

b) Es wird eine Ware oder übliche/gewöhnliche Leistung geschuldet.

c) Es wird eine übliche Leistung (ohne Materialeinsatz), kein Erfolg zugesichert, i. d. R. über einen vereinbarten Stundenlohn.

Vertragsarten	
Dienstvertrag	
Kaufvertrag	
Werkvertrag	

2. In welchen der folgenden Fälle kommt ein Kaufvertrag zustande? (Bitte ankreuzen!)

a) Ein Kunde fragt einen konkreten Artikel mit Preis aus dem Katalog an.

b) Ein Kunde bestellt einen Artikel im Internetshop und erhält eine Auftragsbestätigung per E-Mail.

c) Ein Kunde bestellt einen Artikel per Brief und erhält zum gleichen Preis eine Auftragsbestätigung eines anderen Artikels mit z. T. besseren Leistungsdaten.

d) Wir bieten einem Kunden aufgrund seiner Suche in Suchmaschinen einen passenden Artikel an.

e) Ein Kunde bestellt einen bestimmten Artikel und erhält genau diesen Artikel geliefert.

3. Beschaffung und Lagerhaltung

a) Geben Sie je ein Beispiel und eine Erklärung für die folgenden Güterarten an.

Güterart	Beispiel	Erklärung
Rohstoff		
Hilfsstoff		
A-Artikel		
C-Artikel		

b) Erläutern Sie die unterschiedliche Vorgehensweise bei der Beschaffung von A-Artikeln und C-Artikeln.

A-Artikel:

C-Artikel:

c) Man unterscheidet Bestellung „Just-in-Time“ bzw. Bestellung nach Kundenauftrag und „Bestellung auf Lager“. Nennen Sie je zwei Vor- und Nachteile der beiden Bestellungsarten.

Art der Bestellung	Vorteile	Nachteile
Just-in-Time		
Bestellung auf Lager		

d) Was versteht man im Rahmen einer Beschaffung von Massenartikel unter „optimaler Bestellmenge"?

e) Was beeinflusst den Zeitpunkt des Beginns der Beschaffungsphase?

f) Sie sind im Lager mit der Warenannahme beschäftigt.

fa) Welche Prüf- und Anzeigepflichten haben Sie bei einzelnen Artikeln (z. B. eines PCs)?

fb) Welche Prüfpflichten haben Sie bei Massenartikeln in Kartons (z. B. Karton mit 100 USB-Sticks)?

fc) Welche Sachmängel gibt es? Benennen Sie diese und geben Sie jeweils ein Beispiel an.

h) Welche Rechte hat der Kunde bei mangelhafter Lieferung in folgenden Fällen?

ha) Es liegt ein geringfügiger Mangel vor.

hb) Es liegt ein erheblicher Mangel vor.

4. Finanzierung und Leasing

Sie bieten einem Kunden eine IT-Anlage im Wert von 160.000,00 € (netto) an, die auf vier Jahre geleast oder finanziert werden soll. Dazu führen Sie einen Finanzierungsvergleich durch:

1. **Leasingangebot:** Laufzeit vier Jahre, monatliche Leasingrate 3.500,00 €, Leasingsonderzahlung 5.000,00 € zu Anfang, Übernahme des Wirtschaftsgutes zum Laufzeitende mit einem Restwert von 15.000,00 €.

Aufwendungen	**Betrag in €**
Leasingraten (48 x)	
Sonderzahlung zu Anfang	
Restwertzahlung	
Gesamtaufwendungen	

2. **Ratendarlehen** und **Annuitätendarlehen**, wobei der Restwert im Darlehen zum Ende der Laufzeit = 0 sein soll, die Tilgungsraten beim Ratendarlehen über vier Jahre gleich verteilt sein sollen, beim Annuitätendarlehen in den ersten drei Jahren 50.000,00 € betragen sollen, Zinszahlungen werden zum Jahresende berechnet; der Zinssatz beträgt 5 % p. a.

Ratendarlehen					
Jahr	**Restschuld Anfang d. J. (€)**	**Zinsen 5 %, p. a. (€)**	**Tilgung Ende d. J. (€)**	**Kreditrate (€)**	**Restschuld Ende d. J. (€)**
1					
2					
3					
4					
	gesamt:				

Annuitätendarlehen					
Jahr	**Restschuld Anfang d. J. (€)**	**Zinsen 5 %, p. a. (€)**	**Tilgung Ende d. J. (€)**	**Kreditrate (€)**	**Restschuld Ende d. J. (€)**
1					
2					
3					
4					
	gesamt:				

a) Welches Angebot ist das günstigste? Begründen Sie Ihre Aussage.

____

____

b) Worin unterscheiden sich Ratendarlehen und Annuitätendarlehen?

____

____

5. Schriftverkehr

Erstellen Sie auf einem Kopfbogen der ACI GmbH an die Fa. Supra IT GmbH, Franz-Kremer-Allee 1–5, 50937 Köln folgende Anschreiben:

a) Angebot zur Erstellung eines Sicherheitskonzepts (800,00 €), Umsetzung des Sicherheitskonzepts (5.800,00 €) und Schulung des Systems (400,00 €), Lieferung mit Vorlauf von vier Wochen nach Bestellung, schnellere Lieferung nach Rücksprache, 3 % Skonto

b) Bestätigung des Eingangs des Schreibens, Bedauern der mangelhaften Lieferung, Angebot entweder Ersatzlieferung und 50,00 € Gutschein bei nächstem Kauf oder Preisnachlass von 20 % oder 400,00 €

6.4 Wiederholungsaufgaben – Kapitel 4

1. Sie sollen einem Kunden die Buchungserfassung von Belegen in einem FIBU-Programm erläutern und bereiten dies vor. Aus folgenden Beschreibungen von Belegen sollen Sie die Buchungssätze für die Buchungserfassung angeben:

Nr.	Beleg	Soll (Konto, Betrag)	Haben (Konto, Betrag)
1	Eingangsrechnung über Büroausstattung 5.000,00 €, Fracht 100,00 € zzgl. USt.		
2	Ausgangsrechnung: Lieferung IT-Ausstattung 10.000,00 € zzgl. USt.		
3	Bankauszug: Kauf von ERP-Software gegen Bankabbuchung 2.000,00 € und 380,00 € USt.		
4	Bankauszug: Wir begleichen eine Rechnung von 2.380,00 € unter Abzug von 3 % Skonto (60,00 € + 11,40 € USt.).		
5	Bankauszug: Unser Kunde begleicht eine Rechnung von 1.190,00 € abzgl. 2 % Skonto (20,00 € + 3,80 € USt.)		
6	Bankauszug: Wir begleichen eine Rechnung (5.950,00 €) eines Lieferanten und ziehen vereinbarungsgemäß wegen einer Mängelrüge 20 % als Preisnachlass ab.		
7	Jahresabschluss Abschreibung auf Sachanlagen der IT-Ausstattung von 2.000,00 €		

2. In einer Abteilungssitzung soll die Kostensituation eines Verkaufsbereichs besprochen werden. Sie bereiten die Sitzung vor. Gegeben sind folgende Daten, bezogen auf den Verkaufsbereich:

- Umsatzerlöse: 1.200.000,00 €
- Anteilige Fixkosten: 380.000,00 €
- Variable Kosten: 20 000 Stunden x 30,00 € variable Stückkosten
- Arbeitsstunden, die den Kunden über die Rechnung (Stundensatz: 100,00 €) angesetzt wurden: 12 000

a) Berechnen Sie den Erfolg bzw. anteiligen Gewinn der Abteilung.

___

___

b) Ermitteln Sie den Deckungsbeitrag in Euro.

___

___

c) Nennen Sie zwei Maßnahmen, um den Deckungsbeitrag zu verbessern, bei gleichen Preisen und Umsätzen.

____

____

3. Sie sind im Verkauf eingesetzt und sollen Kalkulationen für den Verkauf eines vorliegenden PC-Angebots vornehmen.

a) Berechnen Sie den Bezugspreis aus den folgenden Daten des Lieferantenangebots. Tragen Sie Ihre Berechnungen in das Kalkulationsblatt ein und vervollständigen Sie das Kalkulationsschema.

Angaben: Listenpreis im Angebot: 400,00 €, Frachtkosten je PC: 5,00 €, Sonderrabatt im Angebot: 20 %, gewährter Skonto im Angebot: 3 %

Bezugskalkulation	**PC-Einkauf**	
Kalkulation	**Prozentsatz**	**Betrag (€)**
Listeneinkaufspreis		
Lieferantenrabatt		
Zieleinkaufspreis		
Lieferantenskonto		
Bareinkaufspreis		
Bezugskosten		
Bezugspreis (Einstandspreis)		

b) Ermitteln Sie verschiedene Verkaufspreise nach folgender Kalkulationsübersicht. Tragen Sie Ihre Berechnungen in das Kalkulationsblatt ein und vervollständigen Sie das Kalkulationsschema. Angaben: Bezugspreis: 320,00 €, Handlungskostensatz: 40 %, Gewinnaufschlag: 8 %, Sonderrabatt an Kunden: 10 %, Umsatzsteuer: 19 %

Verkaufskalkulation	**PC-Verkauf**	
Kalkulation	**Prozentsatz**	**Betrag (€)**
Bezugspreis		
Handlungskosten		
Selbstkosten		
Gewinnzuschlag		
Barverkaufspreis		
Kundenskonto		
Zielverkaufspreis		
Kundenrabatt		
Listenverkaufspreis exkl. MwSt.		
Umsatzsteuer		
Listen-VK incl. MwSt.		